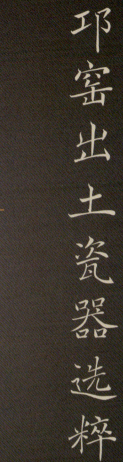

邛窑出土瓷器选粹

成都文物考古研究院　编著

文物出版社

绪 论

邛窑位于四川省邛崃市境内南河、西河沿岸的浅丘台地之上，是四川盆地著名的古代瓷窑遗址。根据目前的考古发现，邛窑区域内至少包括了十方堂、瓦窑山、尖山子、大渔村等几处规模较大的窑址（图一）。

在这些窑址当中，十方堂的现存面积最大、保存最完好，也是开展考古工作最多的区域，历来为古陶瓷学界所重视。窑址旧名高窑坝，又名蛮碗山，因原有一座名为"十方堂"的清代寺庙而得名。其地南依汪山，东临老南桥，西接严坝，北靠南河，再往北即与邛崃市区对望（图二），西北方向距大渔村窑址约2.5公里，北距尖山子窑址约3.3公里，东距瓦窑山窑址约13公里。分布范围东西长530米，南北宽210米，总面积约11.13平方公里，现存大小窑包13个（图三）。窑包形似小山，高者十余米，低者六七米，全由各种窑具、陶瓷碎

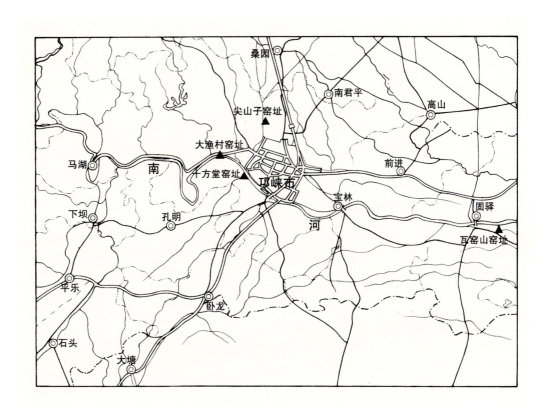

图一　邛窑各窑址分布示意图

图二　十方堂邛窑全景

片、炉渣、砖瓦等废弃物堆积而成。遗址内的陶瓷片、窑具随处俯拾即是，数量庞大，种类十分丰富。1985年7月，成都市人民政府将其公布为市级文物保护单位。1987年5月，四川省人民政府将其公布为省级文物保护单位。1988年1月，国务院将其公布为第三批全国重点文物保护单位。

瓦窑山窑址位于邛崃市固驿镇公义村，其地北临南河，西依五面山，现存窑包2个，分布范围约5000平方米。大渔村窑址位于邛崃市临邛镇大渔村以南，西、南两面被名为白鹤山的连续浅丘所环绕，北临南河上游的白沫江，窑址从山丘北坡延伸到白沫江形成的冲积平原中部，现存窑包3个，南北向呈椅角之势分布，占地面积约65000平方米。尖山子窑址位于邛崃市临邛镇西江村，现存2个窑包，分布面积约1000平方米。

一

邛崃市的大部分原为秦汉临邛县辖地，这也是境内最早设置的行政机构。自秦灭蜀以后，由于政治和军事的需要，秦统治者遂在蜀地选址修筑城池。成都、郫、临邛三地因土地

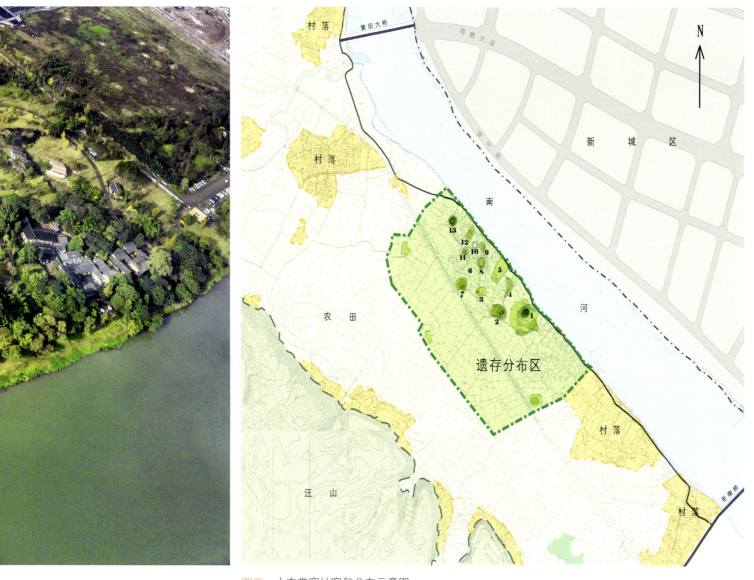

图三　十方堂窑址窑包分布示意图

肥沃、地当要冲，可互为犄角，加之临邛故地更有铁矿资源、天然气井，交通便利，市场繁荣，故于秦惠王二十七年（前311年）由蜀守张若等人主持修筑了临邛城。据《华阳国志·蜀志》载："临邛城周回六里，高五丈。造作下仓，上皆有屋，而置观楼射兰。"[1] 盖因临邛故地素有邛民聚居，故取名临邛，城址大部在今邛崃城区临邛镇范围内。汉承秦制，西汉初全国大部分实行郡县制，故县名及方位不变，仍属蜀郡，其间虽于王莽时短暂改称监邛，归导江郡管辖，但至东汉即恢复原名。王莽天凤年间（14–19年），城郭遭到损毁，导江卒正（即蜀郡太守）公孙述设署临邛，主持营建新城，又称公孙城。蜀汉时期，临邛县名及治所同东汉，仍归蜀郡管辖。西晋武帝泰始元年（265年）至怀帝永嘉五年（311年），临邛县名及治所同前，归蜀郡管辖，只是在晋武帝太康十年（289年）曾一度改蜀郡为成都国，后仍名蜀郡。自西晋怀帝永嘉六年（312年）至西魏废帝二年（553年），賨族首领李雄占据成都建立了成汉政权，加之战火弥漫，局势混乱，南方僚人又大量涌入蜀境，临邛受到威胁，乃将县治迁移至原崇庆县三江镇和江源乡一带，成为侨县，归汉原郡管辖，凡二百四十余年，秦以来修建的临邛县城，亦迭遭破坏。西魏政权于废帝二年（553年）平定蜀境，复于此置临邛郡，北周隋初因之。隋文帝开皇三年（583年），废郡，仅置临邛县。唐高祖武德元年

（618年），临邛县改属邛州。高宗显庆二年（657年），自依政徙州治还于临邛县。玄宗天宝元年（742年），改邛州为临邛郡。肃宗乾元元年（758年），复为邛州。五代十国时期，以成都为中心的今四川地区先后建立了"前蜀"和"后蜀"政权，两蜀州、县建置俱从唐旧制，并无大的变革。两宋时期，仍置临邛县，属邛州，初归西川路管辖。宋太宗太平兴国六年（981年）起，归川陕路，其后又一度归入剑南西道，淳化四年（993年）归剑南道。真宗咸平四年（1001年），北宋王朝将四川地区划分为益州路、梓州路、利州路、夔州路，总称四川路，临邛县归于益州路。仁宗嘉祐四年（1059年），益州路改名为成都府路，直至南宋末。元世祖至元二十一年（1284年），省县，并入邛州。明朝建立之初，邛州名称不变，归四川布政司管辖。明太祖洪武九年（1376年），降州为邛县，归嘉定州管辖。宪宗成化十九年（1483年），复升为州，辖大邑、蒲江两县，直至清末。民国时期，初仍称邛州，废除道制，邛州直隶省府。民国二年又恢复道制，以道辖县，邛州改为邛崃县，归上川南道管辖。十七年又裁废道制。二十四年，防区制结束，实行行政督察区制，邛崃县归第四行政督察区管辖，直到解放。中华人民共和国成立初，划四川为川西、川东、川南、川北四行署区，行署下设专区，邛崃县属川西行署区的眉山专区管辖。1952年撤销行署成立四川省，邛崃县划入温江专区。1959年，邛崃县与蒲江县合署办公。1960年，国务院正式批准撤销蒲江县，合称邛崃县。1962年，又恢复两县建制。1968年，改温江专区为温江地区，邛崃县属其管辖。1983年撤销温江地区，将所辖邛崃等县划归成都市管辖。1994年，经国务院批准，撤销邛崃县，设立邛崃市（县级），市政府驻临邛镇。

邛崃市东部的固驿镇、高梗镇、牟礼镇曾为依政县辖地。依政县原为秦汉临邛县地，南朝萧梁时期，益州刺史、武陵王萧纪于蒲水口（今邛崃市回龙镇境内）立栅为城，以备生僚，名蒲口顿，并于此置邛州。西魏改为蒲阳郡，置依政县，北周因之。隋文帝开皇三年（583年），撤销蒲阳郡，依政县仍为邛州治所。炀帝大业三年（607年），改邛州为临邛郡，依政县属之。唐高祖武德元年（618年），又恢复邛州，仍辖有依政县。高宗显庆二年（657年），邛州治所从依政县移往临邛县。唐显庆以后直至南宋末，依政县均辖于邛州之下。元世祖至元二十一年（1284年），撤依政县，并入邛州。

邛崃市西部的火井镇、油榨乡、高何镇曾为火井县辖地。火井县，因其境内有火井而得名，是我国最早也是世界上最早创建的天然气井之一。北周时即于此设置火井镇，隋炀帝大业十二年（616年），升镇为火井县。唐五代时，因之不改。北宋太宗开宝三年（970年）到至道三年（997年），火井县县治曾迁往今邛崃市平乐镇一带，真宗咸平元年（998年），移还故治。元世祖至元二十一年（1284年），省县，并入邛州。

邛崃市南部及蒲江县西来镇一带曾为临溪县辖地。西魏恭帝二年（555年），析临邛县置临溪县，治所在今蒲江县西来镇残城址村，属邛州蒲原郡。隋文帝开皇三年（583年），悉罢全国诸郡，以州统县，临溪县属邛州。炀帝大业三年（607年），罢总管府，改州为郡，以郡统县。同年，合邛、雅、登三州为临邛郡，临溪县属临邛郡。唐高祖武德元年（618年），改临邛郡为雅州，临溪属之。同年，割雅州之蒲江、临溪、临邛等五县，置邛州（州治依政县）。太宗贞观元年（627年），分全国为十道，临邛县属剑南道邛州。玄宗天宝元年（742年），改州为郡，邛州改为临邛郡。肃宗至德二年（757年），分剑南道为东、西两川，各置节度使，临溪县属剑南道西川临邛郡。乾元元年（758年），悉罢全国诸郡，改郡为州，临邛郡改曰邛州，临溪属之。文宗大和四年（830年），临溪县隶属嶲州（州治今西昌）。僖宗乾符元年（874年），临溪县仍属邛州。文德元年（888年），划邛、蜀、黎、雅四州置永平军，临溪县属永平军邛州。昭宗大顺二年（891年），废永平军，临溪县属剑南道西川邛州。宋太祖乾德三年（965年），临溪属西川路邛州临邛郡。真宗咸平四年（1001年），今四川地区划为益州、梓州、利州、夔州四路，临溪属益州路邛州临邛郡，益州路后改名成都府路。神宗熙宁五年（1072年），省临溪县为镇，入临邛县，其领地并入蒲江、火井、依政三县。

今十方堂一带与临邛镇隔南河相望，自古就属于临邛县的一部分。1989年邛崃南河乡连山村发现北宋元祐二年（1087年）墓，从发掘出土的墓志可知，南河乡以南的连山村、土地坡及周边当时属于邛州临邛县临邛村。十方堂与连山村、土地坡紧邻，地理位置上也应属于临邛村的范围[2]。又据1985年邛崃南河乡文笔村北宋治平四年（1067年）费德中墓出土的墓志载，费氏于"临溪县崇明（乡）"，"买田置造墓宅一所"[3]。可见，南河乡文笔村在北宋治平年间仍属临溪县管辖，而南河乡则可能是当时临邛、临溪二县的交界处，只是在熙宁五年（1072年）省临溪为镇，并入邛州后，这里才完全归入临邛县。上述考古材料对我们研究十方堂邛窑一带的历史沿革提供了重要的参考依据。

二

历史上关于邛窑烧造的文献记载极少，检索所得仅有零星而简略的几条资料。

唐代诗人杜甫（712-770年）在《又于韦处乞大邑瓷碗》诗中提到："大邑烧瓷轻且坚，扣如哀玉锦城传。君家白碗胜霜雪，急送茅斋也可怜。"[4]所谓的"大邑白瓷"虽在各窑址的实地调查和发掘中未获直接证据，但因"大邑"地望与成都、临邛等地毗邻，故历来为古陶瓷学者所重视。另有两则史料是南宋诗人陆游（1125-1210年）笔记中提到的省油灯，如《斋居纪事》："书灯勿用铜盏，唯瓷盏最省油。蜀有夹瓷盏，注水于盏唇窍中，可省油之半。"[5]《老学庵笔记》又云："《宋文安公集》中有省油灯盏诗，今汉嘉有之，盖夹灯盏也。一端作小窍，注清冰水于其中，每夕一易之。寻常盏为火所灼而燥，故速干。此独不然，其省油几半。邵公济牧汉嘉时，数以遗中朝士大夫。按文安亦尝为玉津令，则汉嘉出此物，几三百年矣。"[6]尽管目前学术界对"汉嘉"这个地名的解释尚存争议，但鉴于在邛窑的十方堂等地出土过不少宋代省油灯标本，因此不排除陆氏所言之省油灯有产自成都平原的可能。

民国十一年（1922年）刊本的《邛崃县志》卷一《山水志》中的"十方堂"条："十方堂，佛庙也。在南河崖岸，夷上洒下，水洌沙崩，多出窑器，未见文雅。"[7]这是现存与邛窑遗址直接相关的唯一记载。

三

1939年，时任华西大学博物馆馆长的美国学者葛维汉（David Crockett Graham）在《邛崃陶器》（The Pottery of Chiunglai）一文中曾谈到："这个陶窑（邛窑）的出土器物，至少在最近几十年来，不断出现于成都市场，并被一些对古陶感兴趣的人们收购和珍藏。"[8]按该文的发表时间来看，邛窑的发现可推知大约就在19世纪末至20世纪初。成恩元先生随后在《邛窑遗址五十年》一文中重复了类似的观点："（邛窑）被人们挖掘的历史，还要追溯到远在这（指葛维汉氏《邛窑陶器》所云'邛窑陶器不断出现在成都市场'之时）以前的几十年中。"[9]可以想象，遗址内的居民有可能很早就已经在日常的生产、生活中接触到相关遗物，但它真正能够引起人们的注意，是在日后作为可以牟利的商品流入到古玩市场。

另一方面，随着成都、邛崃等地古玩市场上对邛窑遗物的追捧，对遗址大规模非法盗掘也逐步拉开了序幕。罗希成在1936年《美术生活》上发表的《唐邛窑奇品》一文云："不意去岁邛崃县掘出唐代废窑数处。"[10]罗氏提到的意外事件应是1935年邛崃驻军对邛窑的疯狂盗掘，魏尧西《邛窑》中有进一步说明："民国二十四年（1935年），有军人陈某于十方堂发现此残碎瓷片，乃大事发掘，有出土者，皆归陈手。"[11]然而，也许是军队内部对此事件严加保密或移防它处的缘故，陈氏的这次挖掘行为并不广为人知。到民国二十五年（1936年），四川军阀唐式遵所部的盗掘活动更使得邛窑遭受了惨重破坏，其负面影响亦最大。《邛窑志略》对此亦有记载："（民国）二十五年，唐式遵驻防邛崃，更作大规模之挖掘。军民齐集三四百人，争先恐后，日夜挖掘，所收甚多；且运到上海市博物馆公开展览，并设专肆售卖，至残碎瓷片，有购归嵌饰庐宇，每斤售洋三角。有彩色及图案者，倍其值。省垣古董商人，竞图渔利，往来不绝。亦有好古之人，专车赴邛崃参观。旧日荒烟漫草之墟，竞繁华若市矣。"[12]杨枝高《访邛崃十方堂古窑记》："本年（1936年）夏季，天稍旱，军民等约三、四百，争先恐后，昼夜挖掘，冀得珍奇。省中古董商，往来不绝于道。所售之银约计万余元。"[13]无疑，唐式遵成为当时掠夺邛窑瓷器最多的人，据传在其成都公馆内，有一条专门用邛窑瓷片铺筑的路面。

邛窑的发现伴随着狂热的盗掘和倒卖，这不得不说是一场古代文化的浩劫。

四

在遗址遭到破坏的同时，大批有识的中外学者开始对邛窑的发现予以重视，纷纷前往邛崃开展实地调查和研究工作。特别是20世纪30、40年代，中国进入抗日战争时期，作为大后方的四川迁来了多家大学和研究机构。同时，也涌入了众多的学者和文人。他们的到来也促进了邛窑瓷器的收集和发掘研究，此为邛窑考古工作的开端。

1936年6月，华西大学博物馆葛维汉（D·C·Graham）、贝德福（O·H·Bedford）及郑德坤一行前往十方堂窑址进行调查研究，这是最早的一批由中外专家组成的邛窑遗址调查队。三人调查归来后，都曾先后写有相关报道、研究和简介性的文章，葛维汉还一度向中央研究院写信请求正式发掘，但未获批准[14]。

1936年8月，成都加拿大教会医院的杨枝高通过对十方堂一带进行调查走访，写作了《访邛崃十方堂古窑记》一文。文中收录了一批杨氏采集及当地绅耆商贾的收藏品，其中包括若干件唐代"天宝九年"、"长庆三年"及"乾符"题记的造像、瓷盏等器物，成为目前研究邛窑烧造历史十分珍贵的纪年材料。他没有直接推测窑址的年代下限，但得出了"宋以后无证可考"的结论。此外，他在器物分类中列出了"砖瓦"一栏，这在其它文章中通常是容易被忽视的[15]。

1936年冬，贝德福以同年6月的调查资料为基础，写作了《四川邛州古窑址》（An Ancient Kiln Site at Chiungchou, Scechwan）一文，发表于《中国杂志》（The China Journal）1937年1期。这是第一篇向国外介绍邛窑遗址的外文报道，并且保存了最早的窑址照片，同时第一次附录了一张成都平原的宋代窑址分布示意图。文章对邛窑的废弃原因也做了一些探讨，否定了当时流行的"洪水论"说法，认为根本原因可能在于"原料的不足"[16]。

1936年12月，罗希成在上海的《美术生活》画报上刊发了《唐邛窑奇品》一文，这是最早一篇附录有大量彩色器物照片的邛窑文章[17]。

1939年，葛维汉根据1936年的调查资料，在《华西边疆学会研究杂志》（Journal of the West China Border Society）11卷上刊发了《邛崃陶器》（The Pottery of Chiunglai）一文。文中附录了453件邛窑器物的照片和插图，并首次公布了窑址出土的一些重要生产工具，尤其是龙、凤和人物纹印模。肯定了邛窑瓷器在制作过程中使用化妆土、釉上彩和釉下彩的技术，并比较了与钧窑、龙泉窑、定窑、建窑瓷器的风格特点。此外，该文还首次对邛窑瓷器的硬度和釉色进行了科学的测试[18]。

1939年，华西大学化学系教授高毓灵对邛窑瓷器的胎釉成分进行了化学分析，相关数据收录于《四川陶釉的化学分析》（A Chemical Analysis of Szechwan Pottery Glaze）一文，发表在《华西边疆学会研究杂志》（Journal of the West China Border Society）11卷上。分析结果首次表明邛窑瓷器的釉料有含铅和无铅两种[19]。

1946年，邛崃本土学者魏尧西在《东方杂志》上发表了《邛窑》一文，全文分为器具、造像、砖瓦、乐器、胎骨、釉水、图案、款识、年代等十个方面，魏氏提出邛窑"创始于唐以前"[20]。

另一方面，华西大学博物馆、重庆古今文物馆（卫聚贤创办）、上海博物馆等机构在此期间还开展了对邛窑瓷器标本的收购工作，其中华大博物馆到1942年时，已在该馆陶瓷室有系统地展出了多个邛窑专柜。这些文物的收藏和展出，对当时邛窑古陶瓷文化的宣传和研究起到了一定的推动作用。

1956年10月，四川省文物管理委员会分别调查了邛崃境内的十方堂窑址、尖山子窑址、瓦窑山窑址和柴冲土粑桥窑址，采集了一批重要的瓷器和窑具标本，初步推测邛窑的年代上限可以早到隋代[21]。

此外，故宫博物院陈万里、冯先铭等学者也在20世纪50年代对十方堂、瓦窑山窑址进行了考古调查，初步认为瓦窑山窑址的时代与成都青羊宫窑相当，为四川早期青瓷窑场[22]。

1976年4月至1981年6月，四川省博物馆、重庆市博物馆、四川省古陶瓷史编写组、四川大学历史系考古专业及邛崃县文化馆等多家单位先后五次对邛窑遗址进行了考古调查，除采

整个剑南道人口最密集的地区之一。其次，人口的增长提供了充足的社会劳动力，继续推动着社会生产力和农业经济的发展，成都平原不仅成为巴蜀地区农业发展最快的地方，也是全国农业最发达的地区之一。生活于武周时期的蜀人陈子昂说这里"人富粟多，顺江而下，可以兼济中国。"[29]玄宗时期边塞诗人高适提到关中地区的"衣冠士庶，颇亦出城，山南、剑南，道路相望，村坊市肆，与蜀人杂居，其升合斗储，皆求于蜀人矣。"[30]再次，政局的安定、人口的快速增长和农业经济的发展，使得以往制约商品流通和交换的诸多因素不复存在，城市商业再度繁荣起来。唐代以前，成都的"市"只有一处，位于城西的少城内。玄宗天宝年间，剑南节度使章仇兼琼又创置南市[31]。这些大小市场，为邛窑瓷器和其它外来商品物资提供了集散销售的场所。另外，邛州地处唐代清溪南诏道的重要节点，与成都及沿线其它州城、驿站交通顺畅，也有利于瓷器的运输和流通。从考古发现看，这一时期十方堂窑址的瓷器产品在成都杜甫草堂遗址、下东大街遗址以及大邑县城唐宋遗址等地点均有不少出土，并且远播到了峡江地区的一些唐代市镇中[32]。

在这样的历史条件之下，十方堂窑址的生产规模和影响力也进一步扩大，除2005年至2007年发掘的一号窑包外，20世纪80年代发掘的五号窑包也曾出土大量的该时期遗物。而与之形成鲜明对比的是，曾经一度兴盛的固驿瓦窑山窑、白鹤大渔村窑、崇州天福窑、灌县金马窑等附近窑场于此时相继衰败停烧，整个成都平原的制瓷业中心开始显露出向邛崃十方堂一带转移的趋势。

这一阶段里，邛窑的产品仍以日常生活用品为主，器物的类型较第一期明显增多，包括碗、盘、杯、灯碟、炉、水盂、盘口壶、瓶、罐、砚台、研磨器、器盖、瓷塑人物等十余种。青釉瓷器产品居于主导地位，另外还出现了少量的酱釉瓷器和粗制瓷器。

瓷器的造型一般制作规整，碗的数量最多，直口已不多见，更趋于流行侈口与弧腹相搭配，足部形态仍以饼足为主，圈足的数量很少，且圈足足墙外撇，足端显得圆润。饼足的足径与口径的比例增大，足底多内凹，足端边缘斜削一刀的做法仍旧十分普遍。不少碗、杯、炉类器物的造型开始模仿当时流行的金银器的风格，如花口碗和圆口折腹碗、亚腰饼足杯、高足杯、多足炉等。器物的尺寸和胎体较第一期也明显变得粗犷和厚重，这一点尤其在碗的制作上体现得更为明显。青釉的釉色有淡青、青绿和酱青三种，以淡青的比例最高。总体而言，这一阶段青釉瓷器的釉面与上一阶段相比并无大的变化，施釉薄，胎釉的结合效果仍比较差，出土物的表面常有脱釉的现象，有的釉层甚至已脱落殆尽，部分质量较好的青釉釉面可见到细密的开片。这一时期各类器物的胎体表面通常都涂挂有化妆土，化妆土多呈灰白色，也有相当一部分白中泛米黄色，外壁的化妆土只覆盖至腹中部或近足处，施釉的范围以化妆土面积为限。化妆土的普及使得这个时期不少器表的釉面更显均匀、滋润，也为釉下彩绘的流行奠定了基础。

本阶段在杯、水盂、瓶、罐、研磨器、枕头、器盖等新出现的器物上大量流行装饰图案。装饰技法以釉下彩绘最为常见，另外，釉下褐彩、釉下绿彩以及以褐、绿双彩的装饰也纷纷涌现。装饰部位一般位于外腹部化妆土的范围内，纹样除一般的点彩外，其它题材还有简体草叶、团花、条带等。此外，在瓷塑人物上也存在使用褐、绿二彩点缀和涂染五官、发髻等部位的做法。值得注意的是，釉下彩绘瓷器的釉色一般为浅黄、浅青近乎白色，但这类瓷器都采用了较高的化妆土技术修饰器表，他们可视作邛窑瓦窑山早期白瓷生产技术在唐代十方堂窑址的延续。

在装烧工艺方面，本期仍未使用到匣钵，沿用了明火叠烧的做法。然而一个重要的变化是窑工在装烧时摒弃了足底直接相接触的叠烧方式，转而采用五齿支钉和六齿支钉作为器物坯件之间的主要间隔具，这样可以更有效地防止坯件的粘连。支钉最主要的应用领域是配合支柱进行装烧，有两种具体情况：其一是所谓"釉口覆烧法"[33]，即在筒形支柱顶面放置一枚齿部朝上的支钉，然后将碗的坯件反扣在支钉上，再于器外底套入另一支钉，依次反扣坯件；其二则采用仰烧，即是将支钉的齿尖与支柱顶面接触，使支钉平面朝上，碗足套入支钉的穿里，碗口向上，内底再置支钉，穿内再套碗足，依次反复。采用这两种装烧技术装烧的碗，有的外腹下部残留有一圈疤痕，内底一周则大多留有数个大小不一的支钉痕迹。相比而言，前一种技术更能够节省炉内空间，提高产量。同时，为防止支柱在斜坡式窑床上倾覆，支柱的底部还需要垫放一种楔形垫圈来保持平衡。除支柱外，支钉也可以同大平面圆形垫饼组合装烧，具体步骤是先在垫饼表面对称放置四个束腰形带座支钉，齿尖朝上，然后将器物坯件反扣于支钉的齿部。

（三）繁荣期（唐代晚期至五代）

历经一百多年的发生、发展和壮大，进入晚唐五代时期，整个十方堂邛窑呈现出一片繁荣兴旺的景象，其制瓷业中心的地位逐步确立并得到巩固。十方堂邛窑于此时达到繁荣、鼎盛的局面，是与如下几点原因密切相关的：第一，晚唐五代的大部分时间里，四川地区未遭受大规模战乱的破坏，保持了比较安定的政治局面，这是蜀地社会经济发展的先决条件。《蜀梼杌》记载："是时，蜀中久安，赋役俱省，斗米三钱。"[34]相反，中原及北方地区的兵祸与灾害连绵不断，避乱的文士官员、衣冠世族及难民纷纷迁居南方，"土地膏腴、物产繁富"的四川自然成为他们理想的目的地。唐亡以后，"蜀恃险而富……士人多欲依（王）建以避乱。"[35]这些外来移民的大规模涌入，既带来了先进的生产技术，也扩大了对各种材质生活用品的需求；第二，晚唐以来，包括前后蜀时期，四川地区的商品经济比前代更为活跃，商业活动的场所也进一步增多。唐肃宗以后，在成都大圣慈寺附近形成了"东市"。德宗时期，剑南西川节度使韦皋在成都"万里桥南创置新南市"。僖宗时期，剑南西川节度使崔安潜又创置"新北市"，从而使成都的商业区增加到四处。除固定的商业区外，唐代的成都还定期举办有"蚕市""药市""七宝市"等，"俱在大慈寺前"。到唐代后期，城市商业逐渐突破坊市制度的限制，出现了"夜市"[36]。这一时期，大都市以外的商品经济也得到迅速发展，随着交通运输的日趋繁荣，在一些县城周边的交通要道上形成了"草市"。唐人陈翱《彭州新置唐昌县建德草市歇马亭镇并天王院等记》载有咸通年间（860-874年），御史中丞吴行鲁出知彭州，"以唐昌县中界接导江郫城，东西绵远，不啻两舍。虽有村落，僻在荒塘。昔置邮亭，废毁将久。遂使行役者野食而泉饮，贸易者星往而烛归……即其心而置草市。因其乡名，便以建德为号……今则百货咸集，蠢类莫遗。旗亭旅舍，翼张鳞次。榆杨相接，桑麻渐繁。"[37]这些大小市场，自然成为了邛窑瓷器进入社会各阶层的重要媒介。历年来的考古发现也清楚地表明，邛窑瓷器的分布范围和出土数量都有了显著提升。第三，晚唐五代时期蜀中奢侈之风弥漫，瓷器受其影响在造型与装饰上都出现了浓厚的仿金银器色彩，这也正是本地区社会经济高度发达的重要表现。曾先后两次担任蜀守的张咏叙述五代宋初的蜀地民风说："蜀国富且庶，风俗矜浮薄。奢僭极珠贝，狂佚务娱乐。"[38]《蜀梼杌》亦说："蜀中百姓富庶，夹江皆创亭榭游赏之处。都人市女，倾城游玩，珠翠绮罗，名花异香，馥郁森列。"[39]以成都为代表的通都大邑，则是"列肆云罗，珠贝莹煌于三市；居人栉比，酋豪繁盛于五陵。俗尚嬉游，家多宴乐。既富且庶，役寡赋轻，古为奥区，今尤壮观。"[40]这样的景象，无疑是建立在殷实的经济基础之上的，而经济的繁荣又反过来成为孕育奢侈之风的温床。第四，唐代是我国茶叶大发展的时期，尤其到中唐以后，饮茶习俗在南北两地得到普及，成为日常生活中不可或缺的必需品。《旧唐书·李珏传》："茶为食物，无异米盐，于人所资，远近同俗。既祛竭乏，难舍斯须，田间之间，嗜好尤切。"[41]同时，瓷器则被视作最理想的饮茶器具。韩偓《横塘》诗云："蜀纸麝煤沾笔兴，越瓯犀液发茶香"[42]，陆羽在《茶经》中对饮茶之瓷碗曾做了详细的分级评定："碗，越州上，鼎州、婺州次；岳州上，寿州、洪州次"[43]。此外，剑南道还是当时全国重要的茶叶产区之一，邛州亦属其中，《茶经·八之出》记："剑南以彭州为上，绵州、蜀州次，邛州次"[44]。邛州既为产茶之区，饮茶之风盛行自不待言，势必也会推动瓷器制品的烧造。第五，晚唐五代至北宋初，外地窑场烧造的高档瓷器开始陆续输入到蜀地。如宋人勾延庆《锦里耆旧传》记载蜀主王建报谢信物中即有"金棱碗、越瓷器"等宝物，其"皆大梁皇帝降使赐贶"[45]。另外，成都市区、四川三台等地均出土了定窑"官"字款白瓷器[46]，邛崃龙兴寺遗址出土了耀州窑青瓷及河南一带窑场的白釉绿彩瓷器[47]。这些精致瓷器的输入，使得十方堂邛窑在生产过程中有机会接触到一些新的器形、装饰技术和烧造工艺，从中吸纳并加以应用，很大程度上提高了自身产品的质量和在市场中的竞争力。第六，晚唐五代时期，成都平原的陶瓷器消费和集散市场呈现出一个相对封闭、自给自足的状态，窑口构成较为单一，市面上充斥的是大量的本地产品，外来瓷器的所占比例很小，而成都近郊最早兴起的瓷窑——青羊宫窑已逐步衰落、停烧，邛窑十方堂窑址以及新兴的琉璃厂窑的产品得以有机会抢占市场份额，扩大影响力。

就这一阶段里邛窑的产品而言，一方面仍以满足基本的日常生活需求为主，包罗了碗、盘、提梁杯、长杯、盏、盏托、钵、灯碟、省油灯、水盂、盒、注壶、盘口壶、罐、研磨器、器盖等十余种器类，与第二阶段相比，器物的类型达到了前所未有的丰富程度。另一方面，窑场的产品突破了仅局限于日常生活用品的状况，开始陆续涌现一些工艺性很强的陈设类和玩具类瓷器，且这些瓷器的出土数量占到了相当的比重，如瓶、炉、柳斗杯、套盒及各种生动小巧的人物、动物模型等。无疑，这是十方堂邛窑历史上最繁荣的时期。

在这一时期的"邛窑"产品中瓶的样式繁多，具体功能上也有所不同，甚至还可以见到与佛教活动关系密切的净瓶；炉成为大量烧造的一类产品，除上一期已经出现的多足炉外，还新增了高足炉；人物和动物模型也见有盘坐俑、匍匐俑、力士俑、骑兽俑、狗、鸟、龟、鱼等数种。值得一提的是，邛窑著名的省油灯也是自此期开始出现。

在器物类型层出不穷的同时，釉色品种也进一步丰富起来。除普通的青釉、酱釉瓷器外，分相釉在这个时期出现并很快得到推广，这种呈乳浊失透状的釉，其对胎土原料的不足有很好的装饰效果。邛窑的乳浊釉的釉色比较稳定，多为天青色，另有少量月白色，青蓝和绿色也不乏见。此外，这一阶段还烧造有一定数量的低温釉瓷器，这些低温釉瓷器的釉色分明黄和深绿两种，制作精美考究，质量高于其它各类瓷器，代表了十方堂窑址制瓷技术的最高水平，在中国陶瓷史上被称为"邛三彩"。就出土物的绝对数量而言，青釉瓷器仍居于首位，低温釉瓷器次之，再次为乳浊釉瓷器，酱釉和粗制瓷器最少。

瓷器的造型制作得更加规整，碗、盘、灯碟、罐、炉、盒的数量居于前列。碗、盘类大量流行葵花口，一般分为五曲，有的内壁因分曲而形成突起的条棱，外壁对应的部分则凹陷进去。除葵花口外，盘类还新见一种菱花口，特点是花瓣为尖状。碗、盘的口沿外有的做出一周凸唇，腹壁形态流行斜直腹和折腹，弧腹则变得平缓较浅。足部形态依旧以饼足为主，足底内凹的现象已不多见，然而足端边缘普遍还是斜削一刀形成三折面。除饼足外，新出现玉璧足，典型的圈足基本只见于制作精致的低温釉瓷器中，以盏和长杯最具代表性，整个圈足呈矮喇叭形，足墙外撇，足端微上翘。灯碟以厚圆唇、敞口、浅斜腹的造型最普遍。炉的造型比较统一，主体为折沿盆、底部带五只蹄足，大多数的足面还模印狰狞的兽头图案。罐、注壶的腹部有制作成瓜棱状的特点，注壶的流部短直上翘。瓷器的胎体变得轻薄，青釉和低温釉瓷器的胎体表面通常都涂挂有化妆土，化妆土多泛米黄色，灰白色、粉白色的所占比例较小，乳浊釉、酱釉和粗制瓷器则很少涂挂化妆土。青釉瓷器外壁的化妆土仍然只覆盖至腹中部或近足处，施釉的范围以化妆土面积为限。有的低温釉瓷器上可见到通体施釉的做法，即所谓的"施釉裹足"或"满釉"，是精工细作的表现。相比于第一、二期，第三期的青釉瓷器胎釉结合紧密，釉面光洁，且玻璃质感极强，常见细密的开片，值得注意的一个现象是，有的青釉产品属于乳浊釉，尤其在器表积釉处呈现出明显的乳浊失透状的"窑变"特点。然而低温釉瓷器的胎釉结合程度普遍不够理想，釉面剥落的现象比较明显，可能与其属于二次烧成有关。

尽管大量的瓷器均为素面，本阶段青釉、乳浊釉瓷器上的装饰技法仍有所增加，除了点、团状的褐彩或绿彩等釉下彩装饰外，还出现了盒盖面模印花卉、蟠龙、飞天等图案的装饰技法。与之形成鲜明对比的是低温釉瓷器器表大量流行装饰，其中低温绿釉器以模印最具特色，纹样题材有莲花、鱼、飞鸟、兽面、麦穗等，其中莲花纹的数量最多；黄釉瓷器则以褐、绿双彩的装饰为主，以两色相间的带状图案最常见。总体而言，这一阶段的瓷器无论在造型还是装饰技术方面，无疑都出现了浓厚的仿金银器色彩，尤以低温釉瓷器最为突出。

在装烧工艺方面，本阶段里发生的一个重大变革是匣钵的出现。从邛窑十方堂窑址考古出土的匣钵看，其形制单一，均为直腹圆筒形，尺寸有大小两种，大者胎体厚重，小者胎体较为轻薄，主要应用于青釉碗、盘类瓷器的装烧中。匣钵内的器物坯件为仰烧，以支钉间隔，一般放置四件或五件，然后加上匣钵盖。匣钵的口沿和腹部都开有半圆形或圆形的孔洞，以利于传导火力和空气。本期在采用匣钵提高产品质量的同时，也兼顾产量和成本的优化，从出土的匣钵标本可知，除匣钵内放置碗、盘坯件外，在面积有限的匣钵盖上还要重叠放置多层炉，炉内又加放了柳斗杯等小型器物。除匣钵装烧外，普通瓷器的明火叠烧工艺与第二期相比并无明显变化，主要是支钉和支柱的尺寸变得矮小，同时摒弃了对大平面圆形垫饼的使用。低温釉瓷器的装烧主要采用了三齿支钉作间隔，一个重要特色是芝麻钉包釉支烧，即是在满釉的器物上，支钉的尖端部分直接陷入器底的釉层中，尖端部分因此留有熔融的釉料，犹如支钉表面包裹了一层釉。这种做法主要是为了防止支钉与带釉坯件的大面积接触，窑工们把支钉的尖端做得很细小，所烧制的器底釉面也留有芝麻点大小的支烧痕迹。

（四）低迷期（北宋早期）

北宋的统一，结束了中原和南方的分裂割据局面，为四川社会经济的发展创造了较为和平安定的外部环境。然而就出土材料而言，邛窑十方堂窑址在五代、北宋之间存在着较明显的缺环，主要表现为北宋早期（10世纪后半叶至11世纪初）的遗物十分罕见。这一方面是由于四川地区发掘的北宋早期墓葬数量极少，我们在整理过程中缺乏可资对比的断代材料；另一方面也向我们透露出一点信息，即窑场的生产出现了短暂的低迷。查阅这一段的四川历史，或许有两个方面的原因值得关注：第一，宋廷平定后蜀政权之后，在蜀地展开了大规模地经济掠夺，对社会经济和生产力造成了较严重的破坏。后蜀府库里存放的金、银、珠宝、铜币之类的"重货"和绢帛布匹等"轻货"被陆续运往京城开封，号称"日进"[48]。为此，官方强征了大量民夫，水陆兼运，耗费了十几年的时间才运完，这就更加重了农民的负担。然而，四川民众的处境不但未得到任何改善，反而遭到更为沉重的剥削，除常规赋税外，宋太宗时在成都"于常赋外更置博买务，禁商旅不得私市布帛"[49]，企图以国家专卖的形式夺取民间商业利益，禁止个体农民和小商贩自由买卖。豪强大地主则趁机释贱贩贵，投机倒把，敲剥百姓，从中渔利。这就使得越来越贫困的农民不断丧失家业田产，许多小商贩被迫失业，农民的家庭手工业遭到严重破坏。第二，宋廷灭蜀之后的近四十年间，成都平原的政局形势仍然堪忧，大大小小的动乱军变持续不断，邛州一带亦屡次被卷入其中。宋太祖乾德三年（965年），后蜀降将全师雄起兵反叛，"分兵挠汉州，断剑阁，缘江置寨，声言欲攻成都。自是邛、蜀、眉、陵、简、雅、嘉、东川、果、遂、渝、合、资、昌、普、戎、荣十七州并随师雄为乱，邮传不通者月余"[50]。宋太宗淳化四年（993年），爆发了著名的"王小波、李顺起义"。"众至万余，攻陷蜀州……又陷邛州，杀知州桑保仲、通判王从式及诸寨吏"[51]。淳化五年（994年）正月，起义军攻克成都，李顺自称大蜀王，改元"应运"，建立大蜀政权。九月，宋军"别将西河杨琼趋邛州、蜀州，荡贼巢穴，遂克蜀州……乙未，杨琼等克邛州……庚寅……贼引众奔邛州，复为官军所败。"[52]李顺失败后，王鸬鹚等人又于至道二年（996年）率众起义，"顺余党复寇邛、蜀，伪称邛南王。"[53]至道三年（997年）八月，发生"刘旴之变"，"时益州钤辖马知节亦兼诸州都巡检，领兵三百，追旴至蜀州，与之角斗，自未至亥，贼惧走邛州。"[54]宋真宗咸平三年（1000年），王均、赵延顺等发动兵变，占据成都，率众"攻邛、蜀州，（杨）怀忠逆击之，贼稍却。"[55]同年，宋将雷有终平定兵变，历经太祖、太宗、真宗三朝的反宋武装斗争才告结束。

宋初蜀地社会经济的衰退和政局的动荡，虽延续时间不长，但破坏力不容低估，给邛窑的生产带来了前所未有的负面影响。

（五）转变期（北宋中后期至南宋前期）

北宋中期以后，中央政府开始重视对四川地区的经略安抚，全面调整治蜀方针，采取了一系列的措施保障社会的稳定，社会局面因此出现了由乱而治的转变，再加上本身较为优越的自然地理条件，因而这一时期的四川地区又再次出现了人才辈出，文化发达，经济繁荣的局面。如仁宗年间益州郫人张俞在《送张安道赴成都序》文中就指出当时蜀中之政局与宋初迥异：政治上，"赋无横敛，刑无滥罚，政无暴，民无党"。民间大众"力于农则岁丰，工于业则财羡。惟安和是恃，惟嬉游是图，甚者以至饥寒而竞逸乐。悦绳以赏罚而驱之于盗，不忍为也。"[56]在此背景下，四川地区的人口不断上升。太宗时期，邛州的户数统计为38497户，神宗元丰三年（1080年）已猛增至80130户，到徽宗崇宁时期（1102-1106年）亦保持在79279户。人口的快速增长，既提供了充足的劳动力资源，也保证了旺盛的消费需求。伴随着农业、手工业等生产部门的发展，社会商品的种类和数量日益增多，商业规模也进一步扩大，它集中表现在商税收入的增长，农村商品交换的发达，城市商业的繁荣和商业队伍的壮大等方面。

金军灭亡北宋以后，曾多次挥师南下，企图灭亡刚刚建立起来的南宋政权，但四川地区在南宋初年尚未处在抗金前线，未受到战乱的侵扰，与全国大部分地区满目疮痍的境况相比，四川尚属乐土。宋高宗建炎四年（1130年），张浚发动富平之战失败，陕西尽失，从此四川成为抗金前线。为了保土卫国，四川军民建立了川陕防区，独挑南宋西线抗金的重任，在西起甘肃天水、东至陕西汉中一带多次击退金军的进攻。绍兴十一年（1141年），宋金订立"绍兴和议"，川陕一带的战事逐渐平息。这些因素保证了南宋前期四川社会的安定，使得四川的社会经济文化继续保持稳定发展的态势。

这一阶段里，邛窑十方堂窑址的产品又基本恢复到单一的日常生活用瓷，器物类型的多样性较上一阶段有所逊色，出土器物中可辨器形有碗、盘、盏、盏托、灯碟、炉、省油灯、水盂、注壶、瓶、盒、罐、鸟食罐、唾壶、擂钵等十余种，陈设类和玩具类瓷器的数量极少或几近消失。显然，窑场在经历了上一期的繁荣后，已开始显露出衰退式微的态势。在釉色品种方面，远不及上一期丰富，乳浊釉瓷器占据了主导地位，出土数量庞大，低温釉瓷器则完全消失，与上一阶段相比，乳浊釉的釉色不稳定，通常可辨绿、淡绿、天青、青绿等色调，同时由于釉料成分、炉内温度和烧造氛围等诸多客观因素的存在，釉面的局部有时还会呈现出一些特殊的窑变效果。普通瓷器中除乳浊釉外，酱釉和青釉瓷器的数量都很少，尤其是后者，拣选的出土标本中仅发现一件。

瓷器的造型一般制作规整，碗、盘、灯碟的数量居于前列。碗、盘类以圆口为主，花口器很少见到，口沿常见敞口和侈口两种，凸唇的做法消失。腹部流行斜直壁，外壁腹部与足部交接处通常斜削一刀，形成小折面。足部形态仍以饼足为主流，基本已没有足底内凹的现象，然而足端边缘斜削一刀形成三折面的做法依旧可以见到。除饼足外，圈足的数量极少，玉璧足则完全消失。灯碟的造型与上一阶段相比也发生了较大的变化，新出现一种宽厚的斜方唇。此外，注壶也成为本阶段的一大特色产品，其出土数量增多，造型也变得更加丰富，尤以一种双流作捆束状的注壶最具代表性。罐、注壶的腹部制作成瓜棱状的特点进一步延续。瓷器的胎体略显厚重粗朴，由于大量出现乳浊釉瓷器，加之这种釉面对胎体有很好的装饰效果，因此胎表很少再涂挂化妆土，即便在青釉瓷器上也未见到使用化妆土的痕迹。绝大多数瓷器外壁的施釉范围只覆盖至腹中部或下部，仅少数作品如盏托等施釉至足部。本阶段的乳浊釉瓷器胎釉结合紧密，外壁釉层垂流的现象比较普遍，大部分釉面不够光洁莹润，发半木光，玻璃质感较差，但一般都能见到细密的开片纹路。

本阶段的乳浊釉瓷器通体以素面为主，装饰技法应用得较少，主要有刻划、模印两种，如盘内壁装饰了细线刻划的轮菊，碗外壁装饰了浅浮雕效果的双重莲瓣纹，注壶的柄部带有模印的线条花纹。另外在一些注壶的外腹壁见有绿釉或褐釉点彩的做法，应属于上一阶段的遗风。酱釉和青釉瓷器上则未发现任何装饰图案。

在装烧工艺方面，明火叠烧和匣钵装烧的做法并存，前者占据主流。明火叠烧主要应用于碗、盘、盏类的装烧中，仍以五齿或六齿[57]支钉作主要的间隔具，具体实现方式与第二、三阶段相比没有明显的差别，只是支钉变得小而扁平。匣钵装烧的工艺并不盛行，窑址出土的匣钵标本很少，形制为厚重的直腹筒形，与第三阶段的筒形匣钵的形制、尺寸差异都不明显。

然而，尚处在恢复之中的窑场已经面临着空前严峻的生存形势。一方面，北宋中期以来，成都平原的新兴窑场如雨后春笋般迅速发展起来，如烧造精细白瓷的彭州磁峰窑、烧造精细黑瓷的金凤窑以及烧造多个釉色品种的都江堰玉堂窑、成都琉璃厂窑等。以玉堂窑6号窑包为例，除烧造少量的酱釉瓷器外，所占比重最大的产品是仿邛窑的乳浊釉瓷器，其类型和质量比之并不逊色。与此同时，以景德镇湖田窑为代表的青白瓷，以耀州窑为代表的青瓷陆续涌入川内市场，这些品质上乘的外地产品进一步加剧了窑场之间的相互竞争，一定程度上削弱了邛窑原有的地位和市场份额，无形中压缩了邛窑的生存空间。另一方面，邛窑在经历了晚唐五代一个多世纪的繁荣鼎盛之后，产品的工艺和质量未能取得明显的突破和提高，这在很大程度上归结于原料的劣势和装烧工艺的落后过时，如晚唐五代时期新发明的乳浊釉瓷器，在北宋中后期被大量生产，并成为最大宗的产品。由于乳浊状的釉面可以很好地掩饰胎体，故制作过程中对胎土等原料的要求不高，装烧时不但很少使用到匣具，反而为了一味追求产量，回潮式地普遍采用落后原始的明火叠烧工艺。匣具的形制亦未有所改进，仍旧为直腹圆筒形，未采用当时先进的M型和漏斗型匣具。除此以外，在对装烧间隔具的选择上，邛窑也一味地使用支钉，几乎未见其它类型的间隔具，而同时期成都平原的其它窑场如琉璃厂窑、玉堂窑、磁峰窑等均已经出现了以石英砂堆作间隔具的装烧方法。这使得我们联想到，凡是技术传统越深厚的地方，保守的势力越顽固。

（六）衰落期（南宋后期至元代）

这一阶段里，以十方堂为代表的邛窑整体呈现衰落的景象，瓷器产量较小，主要局限于单一的日常生活用瓷，器物的类型进一步减少，其中碗、盘、盏仍为最基本的产品组合。另出土器物中可辨器形有灯碟、省油灯、炉、注壶、瓶、鸟食罐、器盖等数种，陈设类瓷器只见有零星的尊形器和人物俑残片。

在釉色品种方面，普通瓷器中的乳浊釉产品依旧占据了主导地位。乳浊釉瓷器的釉色稳定性仍比较差，与第四期相比，显著的特征是釉色变得更深，以青蓝、酱紫两种色调最为常见，同时由于釉料成分、炉内温度和烧造氛围等诸多客观因素的存在，釉面的局部有时还会呈现出一些特殊的窑变效果。除乳浊釉瓷器外，酱釉、青釉瓷器的数量极少或几近消失，尤其是后者，拣选的出土标本中仅发现两件。此外，釉陶俑的烧造是一个值得注意的现象，除窑址内发现有零星体型较大的人物俑残片外，邛崃龙兴寺遗址也出土有部分邛窑烧造的釉陶佛像。

瓷器的造型一般制作规整，盘、盏、灯碟、瓶、器盖的数量居于前列，瓶类的生产比较发达，罐类则罕见。碗、盘、盏类以圆口为主，花口的比例很小，口沿多为敞口，侈口变得不常见，唇部流行尖唇或尖圆唇，腹部多呈斜直壁，外壁腹部与足部交接处斜削一刀的做法已不普遍，只是在一些盘、盏上仍能见到。圈足开始在足部形态中占据主流，足墙低矮、足端平是典型特征，极个别圈足内留有挖削形成的乳状突，饼足的足端边缘斜削一刀的做法逐渐消失。盏类新出现一种深腹的圈足盏，口沿外侧收束形成一周浅凹槽，内侧形成一周凸棱。瓶类则新出现一种细长颈的胆腹瓶，即所谓的"玉壶春瓶"。炉的样式较多，其中多足炉的形制发生了较大的变化，炉身变矮，炉底加接一饼足，蹄足亦变短，还新出现了鼎式炉和奁式炉。器盖的数量也很多，最常见一种盖面拱起，顶部带蒂状钮的子口盖。瓷器的胎体普遍显得较轻薄，由于乳浊釉瓷器的釉面对胎体有很好的装饰效果，因此胎表很少再涂挂化妆土，仅在出土很少的青釉瓷器上涂挂了化妆土。化妆土呈米黄色，外壁只覆盖至腹中部，而绝大多数瓷器外壁的施釉范围也只及腹中部或下部。乳浊釉瓷器除釉色外，釉面特征与上一阶段无明显区别，胎釉结合紧密，外壁釉层垂流的现象比较普遍，大部分釉面不够光洁莹润，发半木光，玻璃质感较差，但一般都有细密的开片纹路，少数作品的釉面光洁莹润，可见到细小的棕眼。大多数的乳浊釉瓷器通体以素面为主，装饰技法主要见于多足炉之上，其外腹部常贴饰有数个模印的兽面图案，另在个别的尊形器上有刻划的锯齿纹和倒三角纹。酱釉瓷器上未见任何装饰图案，青釉碗的内壁化妆土上有以绿彩描绘的简体草叶纹，亦属于十方堂邛窑早期装饰技法的遗风。

在装烧工艺方面，明火叠烧的做法占据了主导地位，匣钵装烧的工艺基本已被放弃。碗、盘、盏、多足炉的内底常留有一圈支钉痕，表明这些器物在明火叠烧过程中仍然使用了支钉作为间隔具，这也是十方堂邛窑从始至终最传统、最主流的做法。

本阶段邛窑衰落低迷的生产面貌是与当时四川地区的历史背景相符合的。四川全境是宋蒙（元）战争中双方拉锯争夺的主要区域之一，从绍定四年（1231年）蒙古军队第一次攻入四川起，到1279年四川为元军全部占领，四川内部经历了五十年的战争蹂躏。这场战争的长期性、残酷性、破坏性，在四川历史上都是前所未有的。战争破坏了四川社会的和平与安宁，致使劳动人民丧失了进行日常生产的社会条件；造成大量的民众死伤、逃亡，失去了发展社会经济的人力资源；加重了对民众的负担和剥削，致使开展再生产的经济条件不复存在。唐宋以来四川高度发达的社会经济与文化体系，受到严重的破坏和摧残，直至倒退衰落[58]。

六

邛窑各时期生产的瓷器均以日常生活类用具为主，大量出现于当时的生活居住遗址和墓葬遗迹内，因此，邛窑的生产性质属于普通的民间窑场应无大的争议。值得提出的是，邛窑生产的一类低温釉瓷器，有其重要的特殊性，这里我们专门予以讨论。

根据目前发表的考古出土资料，邛窑低温釉瓷器的流布范围基本局限于成都平原一带，包括有成都金河路遗址[59]、成都指挥街遗址[60]、成都天府广场遗址[61]、成都上汪家拐街遗址[62]、邛崃龙兴寺遗址[63]、大邑石虎村遗址[64]、重庆云阳明月坝遗址[65]、前蜀王建墓[66]、成都洪河大道南延线M1[67]等，这些出土地点以生活类遗址最常见，墓葬中只有零星的发现。此外，窑址材料仅见于十方堂一号和五号窑包，可确定其烧制产地比较单一。

这类瓷器的胎体大多轻薄，质地较疏松，有一定的吸水率。成型方法有轮制、模制和捏塑三种，烧成后的变形率很低，以红胎和白胎最为常见，釉面呈色较稳定，有黄、绿两种，极个别偏青色。釉面普遍光泽莹亮，玻璃质感极强，且带有细小的开片。外壁的施釉范围大多至底足部，有的器物则通体施釉，即所谓的"满釉"或"施釉裹足"。装饰技法以彩绘和模印最流行，前者一般呈现点、团状，后者的纹样题材有莲花、鱼、飞鸟、兽面、麦穗等，其中莲花纹的运用最多。此外，有的瓷器上还出现了贴塑做法。器物类型中日用生活具占比较大，如碗、盘、盏、杯、钵、盏托、注碗、注壶、盒等，也有少量的陈设类器具，如套盒、瓶、炉、灯台、玩具模型（各种人物、动物形象）等。

根据各出土单位的年代，参考部分器形及装饰的时代特征，邛窑低温釉瓷器的制作年代集中在五代的前、后蜀时期，部分遗物的上限可能早到唐末，下限晚至北宋初年。

对于理解邛窑低温釉瓷器的生产性质，前述十方堂五号窑包出土的一件"乾德六年"款印模为我们提供了至关重要的考古信息。按该印模为五曲莲瓣口盘的成型工具，底面雕刻莲蓬、花蕊图案，拱面题刻"乾德六年二月上旬官样杨全记用"字样，在器形特征、装饰风格及时代上都与低温釉瓷器有着明显的共通之处，二者毫无疑问具有相同的生产性质。由此看来，要厘清邛窑低温釉瓷器的生产性质，很大程度上集中于对"官样"字款具体含义的理解。截至目前，"官样"字款除见于前、后蜀时期的十方堂邛窑外，也见于极少数量的越窑瓷器上，就20世纪90年代初出土于上林湖荄白湾和马溪滩越窑遗址的四件"官样"款青瓷残片看，均为碗、盏类器物，内底刻花，有的纹饰虽贯穿整个北宋，但釉色、造型及装烧工艺更多地显示出北宋早期的风格，尤其是圈足较高，足墙略外撇的特征甚至带有晚唐、五代仿金银器之遗风[68]。早年傅振伦先生曾指出上林湖越窑出土的"官样"款莲瓣纹碗可能为御窑碗式，但未说明具体依据[69]；牟永抗、任世龙、谢明良等则认为越窑的"官样"与宋人庄季裕《鸡肋编》记载的宣和年间龙泉窑曾接受"禁廷制样需索"的做法类似，即"官样"可理解为宋代官窑出现以前的过渡产品，象征贵族品位的宫廷样式，具体表现是瓷器的造型大量模仿金银器，成为宫廷或贵族消费的金银器代用品[70]。近年，王光尧先生著文认为越窑的"官样"瓷器可能是地方州县长官根据窑场产品的烧制情况，准备上报中央、供其征收实物税时核定标准的样品，即唐代税制"具上中下三物之样输京都"的"样"[71]。尽管意见还存在分歧，但"官样"器物带有浓厚的官府或宫廷色彩却是无可厚非的。能够对这一认识予以支持的是出土有低温釉瓷器的两处墓葬，其中王建为前蜀高祖，其墓号称永陵，当按帝陵规格下葬；洪河大道南延线M1为同穴合葬的双室券顶墓，墓内虽未留下任何文字材料，但每个墓室由墓道、封门墙、甬道、前室、中室、棺室、后室、耳室等部分组成，规模宏大，结构复杂，且随葬有石刻的墓主人造像，也属于与帝陵相近的高等级墓葬。据以上分析推测，十方堂邛窑生产的低温釉瓷器应属于提供给前、后蜀宫廷或官府机构使用的高档器具。

七

考古发现表明，邛窑自唐代早、中期以后，窑场生产规模急剧扩大，其产品除供应邛州当地的需求外，还通过水路和陆路渠道销售、贩运至成都平原及其周边区域。

由于地域相邻，交通便利，成都平原一直是邛窑瓷器最重要的消费市场，历年来考古发掘的大量唐宋时期生活居住址和墓葬出土了数量众多、类型丰富的邛窑瓷器。如成都市区内的指挥街遗址[72]、罗城1号和2号门址[73]、上汪家拐街遗址[74]、杜甫草堂遗址[75]、下东大街遗址[76]、中同仁路城墙[77]、清安街城墙遗址[78]、内姜街遗址[79]、江南馆街遗址[80]、金河路遗址[81]、天府广场东北侧古遗址[82]、汪家拐小学古遗址[83]、黄忠街遗址[84]，邛崃市的南街遗址[85]、龙兴寺遗址[86]、平乐冶铁遗址，大邑县的石虎村遗址[87]、人民银行宿舍楼遗址[88]，蒲江县的"残城址"遗址[89]等地点均出土有数量不等的邛窑瓷器标本，器形均以生活日用品占大宗。另一方面，成都地区历年来发掘的唐宋时期墓葬内也出土了相当数量的邛窑瓷器，其中一部分墓葬的下葬时间明确，如前蜀王建墓（光天元年，918年）出土低温绿釉灯台[90]、邛崃市牟礼镇开元村北宋绍圣五年（1098年）墓出土青白釉四系罐[91]、双流县华阳镇北宋崇宁三年（1104年）墓出土绿釉划花盘[92]、邛崃市临邛镇土地坡北宋政和三年（1113年）墓出土青釉罐、注壶和省油灯[93]、邛崃临邛镇联丰村南宋绍定三年（1230年）墓出土水盂等遗物[94]，这些邛窑的纪年瓷器为建立该窑的文化分期和编年序列提供了可靠的实物依据。

邛窑瓷器往东还一直流播到了四川盆地东部的三峡地区，以云阳明月坝[95]、忠县中坝[96]、巴东旧县坪[97]等地点的出土材料较为集中，这些地点大都属于唐宋时期的县城或是依靠商品贸易流通发展起来的市集或市镇遗址[98]。以云阳明月坝遗址为例，其位于长江北岸支流澎溪河的明月坝台地，行政区划属于云阳县高阳镇走马村。云阳县汉代属胸忍县，唐代一度设云安县、云安监，宋代一度设云安军。遗址发掘区内清理揭露出唐宋时期的寺庙、官署、店肆、道路灯市镇遗存，出土有长沙窑、邛窑、越窑、定窑、邢窑、龙泉窑、湘阴窑、涂山窑等各地窑口瓷器及大量建筑材料，是一处位于云安敬烟外运通道上的市镇遗址。明月坝遗址出土的邛窑瓷器大致可分作早、晚两期，早期瓷器属于市镇形成阶段的物质文化遗存，年代约相当于唐代中、晚期至五代，品种以青釉为主，也有少量的低温釉瓷器，器形主要为邛窑常见的饼足内凹、红胎、敛口曲腹碗，其次有盘、碟、罐钵、盆、注壶等，还包括一些狮子、狗等玩具模型；晚期瓷器属于市镇发展阶段的物质文化遗存，年代约相当于北宋中、晚期，品种和数量明显减少，外地窑口瓷器占据了主导地位。

总体而言，就各地的考古材料看，邛窑瓷器的行销范围主要有两个区域，其一是在以成都、邛崃为中心的成都平原，自唐、五代至两宋，其瓷器产品都很流行，一直是本地窑场的中坚力量；其二是在三峡地区，唐代中、晚期至五代颇为流行，主要集中在较大型的生活类聚落址，与长沙窑、定窑、邢窑及其它长江中、下游青瓷窑场产品几成分庭抗礼之势。五代以后，进入到两宋时期，邛窑瓷器在该地区开始衰落，地位逐渐被外地窑场产品所取代。至于邛窑瓷器是否行销到更远的区域亦或是曾经进入到外销瓷的行列，目前尚没有可靠的考古材料予以证明。

注释：

[1]　（晋）常璩撰、刘琳校注：《华阳国志校注（修订版）》卷三，成都时代出版社，2007 年，第 100 页。

[2]　成都文物考古研究所、成都博物院：《成都出土历代墓铭券文图录综释》，文物出版社，2012 年，第 180 页。

[3]　成都文物考古研究所、成都博物院：《成都出土历代墓铭券文图录综释》，文物出版社，2012 年，第 149 页。

[4]　（清）彭定求：《全唐诗》卷二百二十六，中华书局，1960 年，第 2448 页。

[5]　（宋）陆游：《斋居纪事》，朱易安、傅璇宗：《全宋笔记》第 5 编第 8 册，大象出版社，2003 年，第 270-271 页。

[6]　（宋）陆游撰、李剑雄、刘德权点校：《老学庵笔记》卷十，中华书局，1979 年，第 130 页。

[7]　《民国邛崃县志》，邛崃市地方志办公室重刊，2006 年，第 113 页。

[8]　（美）葛维汉著、成恩元译：《邛崃陶器》，《四川古陶瓷研究(一)》，四川省社会科学院出版社，1984 年，第 101 页。

[9]　成恩元：《邛窑遗址五十年》，《四川古陶瓷研究（二）》，四川省社会科学院出版社，1984 年，第 2 页。

[10]　罗希成：《唐邛窑奇品》，《四川古陶瓷研究（一）》，四川省社会科学院出版社，1984 年，第 96 页。

[11]　魏尧西：《邛窑》，《四川古陶瓷研究（一）》，四川省社会科学院出版社，1984 年，第 115 页。

[12]　魏尧西：《邛窑》，《四川古陶瓷研究（一）》，四川省社会科学院出版社，1984 年，第 115 页。

[13]　杨枝高：《访邛崃十方堂古窑记》，《四川古陶瓷研究（一）》，四川省社会科学院出版社，1984 年，第 97 页。

[14]　（美）葛维汉著、成恩元译：《邛崃陶器》，《四川古陶瓷研究(一)》，四川省社会科学院出版社，1984 年，第 101 页。

[15]　杨枝高：《访邛崃十方堂古窑记》，《四川古陶瓷研究（一）》，四川省社会科学院出版社，1984 年，第 97-100 页。

[16]　（英）贝福德著、成恩元译：《四川邛州古窑址》，《四川古陶瓷研究（一）》，四川省社会科学院出版社，1984 年，第 92-95 页。

[17]　罗希成：《唐邛窑奇品》，《四川古陶瓷研究（一）》，四川省社会科学院出版社，1984 年，第 96 页。

[18]　（美）葛维汉著、成恩元译：《邛崃陶器》，《四川古陶瓷研究(一)》，四川省社会科学院出版社，1984 年，第 101-113 页。

[19]　高毓灵著、曾中懋译、秦学圣校：《四川瓷器的化学分析鉴定》，《四川古陶瓷研究（一）》，四川省社会科学院出版社，1984 年，第 1-15 页。

[20]　魏尧西：《邛窑》，《四川古陶瓷研究（一）》，四川省社会科学院出版社，1984 年，第 114-118 页。

[21]　徐鹏章：《川西古代瓷器调查记》，《文物参考资料》1958 年 2 期。

[22]　陈万里、冯先铭：《故宫博物院十年来对古窑址的调查》，《故宫博物院院刊（总二期）》，1960 年。

[23]　丁祖春：《四川邛崃十方堂古窑》，《四川古陶瓷研究（一）》，四川省社会科学院出版社，1984 年，第 120-130 页。

[24]　陈显双等：《邛窑古陶瓷研究——考古发掘简报》，耿宝昌主编：《邛窑古陶瓷研究》，中国科学技术大学出版社，2002 年，第 135-221 页。

[25]　资料整理中，现存成都文物考古研究院，可参见黄晓枫：《四川邛崃邛窑十方堂遗址》，《2006 中国重要考古发现》，文物出版社，2007 年，第 56 页。

[26]　成都文物考古研究所、北京大学考古文博学院、邛崃市文物保护管理所：《四川省邛崃市大渔村窑址调查报告》，《成都考古发现（2005）》，科学出版社，2007 年，第 308-336 页。

[27]　成都文物考古研究所、邛崃市文物局:《邛崃市尖山子窑址 2013 年调查简报》,《成都考古发现（2012）》, 科学出版社, 2014 年, 第 403-419 页。

[28]　易立:《邛窑始烧年代考论》,《边疆考古研究（第 23 辑）》, 科学出版社, 2018 年, 第 227-242 页。

[29]　《旧唐书》卷一百九十, 中华书局, 1975 年, 第 5022 页。

[30]　（清）董浩等:《全唐文》卷三百五十九, 中华书局影印本, 1983 年, 第 9005 页。

[31]　李敬洵:《四川通史 · 两晋南北朝隋唐》卷三, 四川人民出版社, 2010 年, 第 410 页。

[32]　李映福:《明月坝唐宋集镇研究》, 四川大学博士学位论文, 2006 年, 第 64-68 页。

[33]　熊海堂:《东亚窑业技术发展与交流史研究》, 南京大学出版社, 1995 年, 第 190 页。

[34]　（宋）张唐英撰、王文才、王炎校笺:《蜀梼杌校笺》卷四, 巴蜀书社, 1999 年, 第 381 页。

[35]　《新五代史》卷六十三, 中华书局, 1974 年, 第 787 页。

[36]　李敬洵:《四川通史 · 两晋南北朝隋唐》卷三, 四川人民出版社, 2010 年, 第 410-415 页。

[37]　（清）董浩等:《全唐文》卷八百零四, 中华书局影印本, 1983 年, 第 9005 页。

[38]　（宋）张泳:《乖崖集》卷二《悼蜀四十韵》,《四库全书》第 1085 册, 上海古籍出版社, 1987 年, 第 581 页。

[39]　（宋）张唐英撰、王文才、王炎校笺:《蜀梼杌校笺》卷四, 巴蜀书社, 1999 年, 第 375 页。

[40]　（宋）刘锡:《至道圣德颂》,（宋）袁说友等编, 赵晓兰整理:《成都文类》卷四十八, 中华书局, 2011 年, 第 944 页。

[41]　《旧唐书》卷一百七十三, 中华书局, 1975 年, 第 4503 页。

[42]　（唐）韩偓:《横塘》,《全唐诗》卷六百八十三,《四库全书》第 1429 册, 上海古籍出版社, 1987 年, 第 726 页。

[43]　（唐）陆羽撰、宋一明译注:《茶经译注》, 上海古籍出版社, 2013 年, 第 27 页。

[44]　（唐）陆羽撰、宋一明译注:《茶经译注》, 上海古籍出版社, 2013 年, 第 72 页。

[45]　（宋）句延庆撰、储铃铃点校:《锦里耆旧传》卷六, 傅璇琮等主编:《五代史书汇编》, 杭州出版社, 2004 年, 第 6036 页。

[46]　易立:《关于四川三台出土"官"款白瓷的几个问题》,《四川文物》2009 年 1 期。

[47]　易立:《邛崃龙兴寺遗址出土陶瓷器的窑口与时代》,《四川邛崃龙兴寺 2005-2006 年考古发掘报告》附录三, 文物出版社, 2011 年, 第 335-345 页。

[48]　（宋）杨仲良:《皇宋通鉴长编纪事本末》卷十三,《续修四库全书 · 史部 · 纪事本末类》第 386 册, 上海古籍出版社, 2002 年, 第 82 页。

[49]　（宋）杨仲良:《皇宋通鉴长编纪事本末》卷十三,《续修四库全书 · 史部 · 纪事本末类》第 386 册, 上海古籍出版社, 2002 年, 第 82 页。

[50]　（宋）李焘:《续资治通鉴长编》卷六, 中华书局, 1979 年, 第 151 页。

[51]　（宋）杨仲良:《皇宋通鉴长编纪事本末》卷十三,《续修四库全书 · 史部 · 纪事本末类》第 386 册, 上海古籍出版社, 2002 年, 第 83 页。

[52]　（宋）杨仲良:《皇宋通鉴长编纪事本末》卷十三,《续修四库全书 · 史部 · 纪事本末类》第 386 册, 上海古籍出版社, 2002 年, 第 86-87 页。

[53]　《宋史》卷三百二十四, 中华书局, 1977 年, 第 10471 页。

[54]　（宋）杨仲良:《皇宋通鉴长编纪事本末》卷十三,《续修四库全书 · 史部 · 纪事本末类》第 386 册, 上海古籍出版社, 2002 年, 第 190 页。

[55] （宋）杨仲良：《皇宋通鉴长编纪事本末》卷十三，《续修四库全书·史部·纪事本末类》第 386 册，上海古籍出版社，2002 年，第 192 页。

[56] （宋）张俞：《送张安道赴成都序》，傅增湘原辑、吴洪泽补辑：《宋代蜀文辑存校补》卷二十四，重庆大学出版社，2014 年，第 786 页。

[57] 邛窑遗址出土的支钉以五齿状最常见，在材料整理过程中也发现有六齿状支钉，但数量极少。

[58] 贾大泉：《宋代四川经济述论》，四川省社会科学院出版社，1985 年，第 262 页。

[59] 成都文物考古研究院：《成都金河路古遗址发掘报告》，《成都考古发现（2015）》，科学出版社，2017 年，第 320-416 页。

[60] 成都市博物馆、四川大学博物馆：《成都指挥街唐宋遗址发掘报告》，《南方民族考古（第二辑）》，四川科学技术出版社，1989 年，第 233-298 页。

[61] 成都文物考古研究所：《成都天府广场东北侧古遗址发掘报告》，文物出版社，2016 年，第 177-191 页。

[62] 成都市文物考古队、四川大学历史系：《成都市上汪家拐街遗址发掘报告》，《南方民族考古（第五辑）》，四川科学技术出版社，1993 年，第 325-358 页。

[63] 成都文物考古研究所、邛崃市文物管理局：《四川邛崃龙兴寺——2005-2006 年考古发掘报告》，文物出版社，2011 年，第 231-289 页。

[64] 成都文物考古研究所、大邑县文物管理所：《四川大邑县新场石虎村唐宋遗址试掘简报》，《成都考古发现（2009）》，科学出版社，2011 年，第 417-454 页。

[65] 李映福：《明月坝唐宋集镇研究》，四川大学博士学位论文，2006 年，第 72 页。

[66] 冯汉骥：《前蜀王建墓发掘报告》，文物出版社，2002 年，第 63-65 页。

[67] 成都市文物考古研究所、龙泉驿区文物保管所：《成都市龙泉驿区洪河大道南延线唐宋墓葬发掘简报》，《成都考古发现（2001）》，科学出版社，2003 年，第 163-177 页。

[68] 浙江省文物考古研究所：《浙江考古精华》，文物出版社，1999 年，第 246 页。

[69] 傅振伦：《中国古代制造陶瓷的规范》，《东南文化（创刊号）》，1985 年。

[70] 牟永抗、任世龙：《"官"、"哥"简论》，湖南省博物馆、湖南省考古学会合编：《湖南考古辑刊（第三集）》，岳麓书社，1986 年，第 252-260 页；谢明良：《有关"官"和"新官"款白瓷官字涵义的几个问题》，《故宫学术季刊》5 卷 2 期，1987 年，第 1-23 页。

[71] 王光尧：《关于越窑瓷器所见"官样"铭的思考——兼释"官"、"新官"款的含义》，王光尧：《中国古代官窑制度》，紫禁城出版社，2004 年，第 40-49 页。

[72] 成都市博物馆、四川大学博物馆：《成都市指挥街唐宋遗址发掘报告》，四川大学博物馆、中国古代铜鼓研究学会编：《南方民族考古第二辑》，四川大学出版社，1990 年，第 233-291 页。

[73] 成都市博物馆考古队：《成都罗城 1、2 号门址发掘简报》，《南方民族考古第三辑》，四川科学技术出版社，1990 年，第 369-379 页。

[74] 成都市文物考古队、四川大学历史系：《成都市上汪家拐街遗址发掘报告》，《南方民族考古（第五辑）》，四川省科学技术出版社，1993 年，第 325-358 页。

[75] 成都市文物考古研究所、成都杜甫草堂博物馆：《成都杜甫草堂唐—宋遗址发掘报告》，《成都考古发现（2002）》，科学出版社，2004 年，第 209-265 页。

[76] 成都文物考古研究所：《成都市下东大街遗址考古发掘报告》，《成都考古发现（2007）》，科学出版社，2009 年，第 513-521 页。

[77] 成都市文物考古研究所:《成都市中同仁路城墙遗址发掘简报》,《成都考古发现（2002）》,科学出版社,2004年,第266-276页。

[78] 成都文物考古研究所:《成都市清安街城墙遗址发掘简报》,《成都考古发现（2008）》,科学出版社,2010年,第411-435页。

[79] 成都文物考古研究所:《成都市·姜街遗址发掘报告》,《成都考古发现（2004）》,科学出版社,2006年,第364-391页。

[80] 成都市文物考古研究所:《成都市江南馆街唐宋遗址发掘简报》,《成都考古发现（1999）》,科学出版社,2001年,第260-277页。

[81] 成都文物考古研究所2007年发掘,资料整理中。

[82] 成都文物考古研究所:《成都市博物馆新址发掘简报》,《成都考古发现（2009）》,科学出版社,2011年,第375-405页。

[83] 成都文物考古研究所:《成都市汪家拐小学古遗址发掘简报》,《成都考古发现（2007）》,科学出版社,2009年,第310-321页。

[84] 成都文物考古研究所:《成都金牛区城乡一体化安置房5号A地点唐—五代墓葬、水井发掘简报》,《成都考古发现（2007）》,科学出版社,2009年,第289-309页。

[85] 成都文物考古研究所、邛崃市文物保护管理所:《成都邛崃市南街唐宋遗址发掘简报》,《成都考古发现（2000）》,科学出版社,2002年,第324-340页。

[86] 成都文物考古研究所、邛崃市文物保护管理所:《四川邛崃龙兴寺2005-2006考古发掘报告》,文物出版社,2011年,第231-285页。

[87] 成都文物考古研究所、大邑县文物管理所:《四川大邑县新场石虎村唐宋遗址发掘简报》,《成都考古发现（2009）》,科学出版社,2011年,第417-454页。

[88] 赵殿增、胡亮:《大邑县城唐宋遗址出土的瓷器》,《四川古陶瓷研究（二）》,四川省社会科学院出版社,1984年,第155-178页。

[89] 成都文物考古研究所、蒲江县文物管理所:《蒲江"残城址"遗址试掘简报》,《成都考古发现（2006）》,科学出版社,2008年,第279-298页。

[90] 冯汉骥:《前蜀王建墓发掘报告》,文物出版社,2002年,第63-65页。

[91] 参见本书。

[92] 成都文物考古研究所、双流县文物管理所:《双流县华阳镇骑龙村"欧香小镇"唐宋墓葬发掘简报》,《成都考古发现（2011）》,科学出版社,2013年,第435-460页。

[93] 邛崃县文物管理所:《邛崃县北宋墓清理简报》,《四川文物》1987年3期。

[94] 汪雄:《临邛镇宋墓清理记》,《成都文物》1993年4期。

[95] 李映福:《明月坝唐宋集镇研究》,四川大学博士学位论文,2006年,第64-68页。

[96] 陈丽琼、董小陈:《三峡与中国瓷器》,重庆出版社,2010年,第32-53页。

[97] 国务院三峡工程建设委员会办公室、国家文物局:《巴东旧县坪》,科学出版社,2010年,第85-152页。

[98] 李映福:《三峡地区早期市镇的考古学研究》,巴蜀书社,2010年,第272-281页。

第一部分

隋至唐代早期

001 青釉碗

隋代至唐代早期
口径 8.9、足径 2.8、高 5.5 厘米
邛崃市临邛镇十方堂窑址出土
现藏于邛崃市文物管理局

直口，口沿残缺经后期修补，圆弧腹，
小饼足，足底内凹，足端斜削一刀形成
三折面。灰胎，胎面挂米黄色化妆土，
青黄釉，釉面可见细开片。

002 青釉杯

隋代至唐代早期
口径 7.8、足径 3.0、高 6.5 厘米
邛崃市临邛镇十方堂窑址出土
现藏于邛崃市文物管理局

侈口，上腹斜直，下腹弧内收，小饼足，
足底内凹，足端斜削一刀形成三折面。
灰胎，胎面挂乳白色化妆土，淡青釉，内、
外壁粘连大量窑灰。

003　青釉杯

隋代至唐代早期
口径 8.2、足径 3.0、高 6.4 厘米
邛崃市临邛镇十方堂窑址出土
现藏于邛崃市文物管理局

侈口，上腹斜直，下腹弧内收，小饼足，
足底内凹，足端斜削一刀形成三折面。
灰胎，胎面挂乳白色化妆土，淡青釉，
釉面可见细开片。

004　青釉杯

隋代至唐代早期
口径 8.4、足径 3.3、高 6.5 厘米
邛崃市临邛镇十方堂窑址出土
现藏于邛崃市文物管理局

侈口，深弧腹，小饼足，足底内凹，足
端斜削一刀形成三折面。红褐胎，胎面
挂米黄色化妆土，釉面大部分脱落。

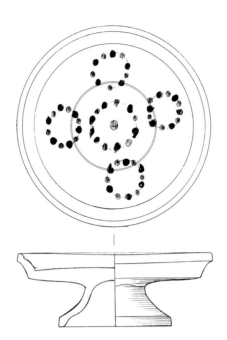

005 青釉彩绘高足盘

隋代至唐代早期
口径 14.8 、足径 8.5 、高 5.4 厘米
邛崃市固驿镇瓦窑山窑址出土
现藏于邛崃市文物管理局

尖圆唇，敞口，浅腹，平底，下承一矮喇叭形圈足，足中空。灰黑胎，胎面挂有粉白色化妆土，淡青釉偏黄，釉面大部分已脱落，内底釉下用黑、绿二彩饰五朵联珠纹。

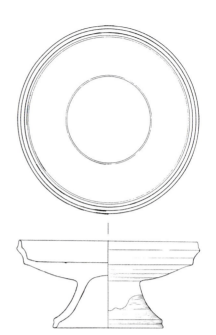

006　青釉高足盘

隋代至唐代早期
口径 14.6 、足径 9.1 、高 6.9 厘米
邛崃市固驿镇瓦窑山窑址出土
现藏于邛崃市文物管理局

尖圆唇，敞口，浅腹，平底，下承一矮
喇叭形圈足，足中空。灰胎，胎面挂米
黄色化妆土，青黄釉，釉面可见细开片。

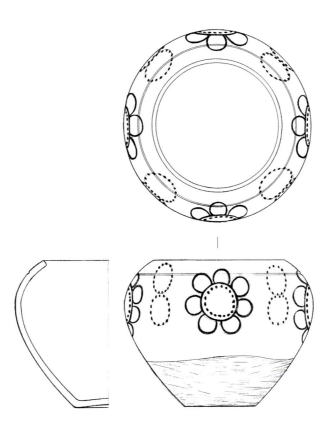

007 青釉彩绘盂

隋代至唐代早期

口径 16.8、最大腹径 24.5、底径 9.2、高
18.8 厘米

邛崃市固驿镇瓦窑山窑址出土

现藏于邛崃市文物管理局

方唇，敛口，鼓腹内收，平底。灰黑胎，
胎面挂有乳白色化妆土，淡青釉，肩部
一周釉下用墨绿彩饰团花、联珠纹。

008 **青釉砚台**

隋代至唐代早期
口径 11.2、底径 12.5、高 2.9 厘米
邛崃市临邛镇十方堂窑址出土
现藏于邛崃市文物管理局

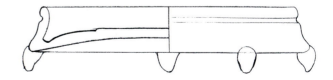

砚面呈一凸起的圆饼，与砚边之间环以
可储存墨汁的凹槽，形似"辟雍"，俗
称"辟雍砚"，砚底带五只水滴形足。
灰褐胎，胎面挂灰白色化妆土，釉面大
部分已脱落。

邛 窑 出 土 瓷 器 选 粹

第二部分

盛唐时期

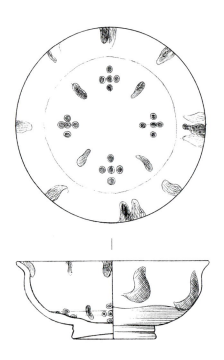

009 **青釉彩绘碗**

盛唐时期
口径 10.4、足径 4.5、高 4.0 厘米
邛崃市临邛镇十方堂窑址出土
现藏于邛崃市文物管理局

侈口，尖唇，圆弧腹，饼足。红胎，胎
面挂粉白色化妆土，淡青釉，釉层脱落，
内壁饰褐、绿色彩绘图案。与之形制接近、
可作年代参考的有十方堂五号窑址出土
的"先天二年"（713 年）款青釉褐彩碗*。

★ 陈显双等：《邛窑古陶瓷简论——考古发掘简报》，
收入耿宝昌主编：《邛窑古陶瓷研究》，中国科学技
术大学出版社，2002 年，第 131 页。

010 **青釉彩绘碗**

盛唐时期

口径 9.6、足径 4.6、高 3.9 厘米

邛崃市临邛镇十方堂窑址出土

现藏于邛崃市文物管理局

侈口，尖唇，圆弧腹，饼足，足底内凹，
足端斜削一刀形成三折面。灰褐胎，胎面
挂粉黄色化妆土，淡青釉，内底及口沿内
侧一周饰褐、绿彩图案。

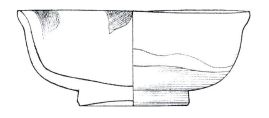

011 **青釉"临邛"杯**

盛唐时期
口径 9 、足径 3.6 、高 6.4 厘米
邛崃市临邛镇十方堂窑址出土
现藏于邛崃市文物管理局

尖唇，侈口，束腰筒形腹，小饼足内凹，足端斜削一刀形成三折面。褐胎，胎面挂米黄色化妆土，青黄釉，外壁用褐釉书"临邛"二字。

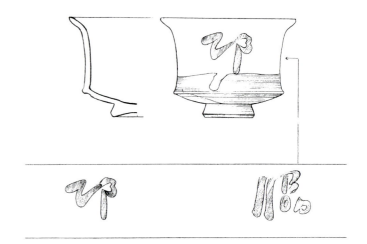

012 青釉彩绘单耳杯

盛唐时期
口径 8.6、足径 3.5、高 6.3 厘米
邛崃市临邛镇十方堂窑址出土
现藏于邛崃市文物管理局

尖唇，侈口，束腰筒形腹，腹部一侧安一环耳，小饼足内凹。灰黑胎，胎面挂有粉白色化妆土，淡青釉，腹部釉下用绿彩饰简体草叶纹。与之形制接近、可作年代参考的有偃师杏园唐开元十七年（729 年）墓出土的瓷杯★。

★中国社会科学院考古研究所：《偃师杏园唐墓》，科学出版社，2001 年，第 61 页。

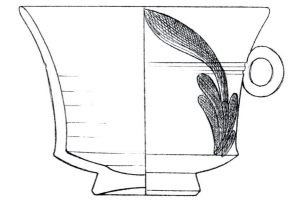

013 青釉彩绘杯

盛唐时期
口径 8.6、足径 2.8、高 5.6 厘米
邛崃市临邛镇十方堂窑址出土
现藏于邛崃市文物管理局

尖唇，侈口，束腰筒形腹，小饼足内凹，
足端斜削一刀形成三折面。灰褐胎，胎
面挂米黄色化妆土，青黄釉，外壁用褐
彩描绘简体草叶纹。

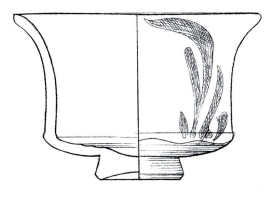

014　青釉彩绘高足杯

盛唐时期
口径 7.6、足径 4.4、高 7.6 厘米
邛崃市临邛镇十方堂窑址出土
现藏于邛崃市文物管理局

尖唇，侈口，深弧腹，平底，下接喇叭
形高圈足，足柄中部有"算盘珠"式节突。
灰黑胎，胎面挂有粉白色化妆土，淡青釉，
外壁釉下用褐彩饰简体草叶纹，上腹部
刻有一周弦纹。

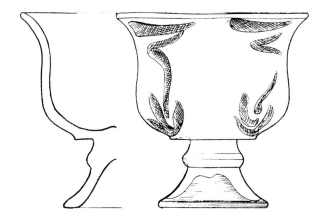

015 青釉高足杯

盛唐时期
口径 8.2、足径 4.2、高 8.4 厘米
邛崃市临邛镇十方堂窑址出土
现藏于邛崃市文物管理局

尖唇，侈口，深弧腹，平底，下接喇叭
形高圈足，足柄中部有"算盘珠"式节突。
灰黑胎，胎面挂有粉白色化妆土，淡青
釉泛黄。

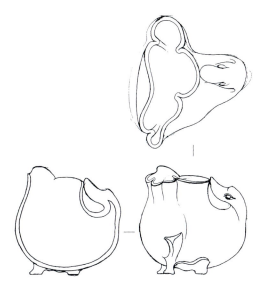

016 **酱青釉鸭形杯**

盛唐时期
高 7.3 厘米
邛崃市临邛镇十方堂窑址出土
现藏于成都文物考古研究院

通体呈鸭形，尾部上翘作杯口，头部回望，
吻含于杯沿，底部带四个小尖足，造型
优美生动。棕灰胎，胎体坚致较粗，挂
灰白色化妆土，酱青釉，釉面有脱落。

017 **青釉彩绘三联杯**

盛唐时期
足径 8、高 8.3 厘米
邛崃市临邛镇十方堂窑址出土
现藏于邛崃市文物管理局

主体为三只花瓣形杯相联，下接喇叭形圈
足，足柄带节突。红褐胎，胎面挂米黄色
化妆土，青灰釉，杯口内外饰褐、绿色彩斑。

018 **青釉彩绘盂**

盛唐时期
口径 14.6、最大腹径 26.2、底径 10.5、高
17.2 厘米
邛崃市临邛镇建设路工地出土
现藏于邛崃市文物管理局

敛口，扁球腹，平底。暗红胎，胎面挂有
粉白色化妆土，淡青釉，釉面大部分已脱
落，外壁釉下用褐彩装饰花卉、卷草图案。

019　青釉彩绘盂

盛唐时期
口径 16.6、最大腹径 24.6、底径 9.0、高
18.6 厘米
邛崃市临邛镇十方堂窑址出土
现藏于邛崃市文物管理局

敛口，上部呈扁鼓状，下部斜直内收为
平底。灰黑胎，胎面挂有灰白色化妆土，
淡青釉，釉面大部分已脱落，外壁釉下
用褐彩饰花卉、草叶图案。

020 **青釉彩绘长颈瓶**

盛唐时期

口径 7.4、最大腹径 12.7、足径 6.7、高
26.4 厘米

邛崃市临邛镇十方堂窑址出土

现藏于邛崃市文物管理局

尖唇，盘口，细长颈略束，椭圆形腹，
喇叭形实足。红褐胎，胎面挂灰白色化
妆土，淡青釉，釉面大部分脱落，腹部
用褐、绿二彩描绘花草图案。

021 **青釉彩绘长颈瓶**

盛唐时期
最大腹径 11.3、足径 8、残高 16.4 厘米
邛崃市临邛镇十方堂窑址出土
现藏于邛崃市文物管理局

细长颈，颈部以上为后期修复，椭圆形
腹，喇叭形实足。红褐胎，胎面挂灰白
色化妆土，釉面大部分脱落，腹部用褐、
绿二彩描绘草叶、卷云及点状图案。

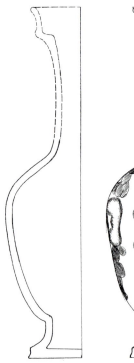
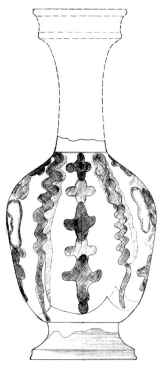

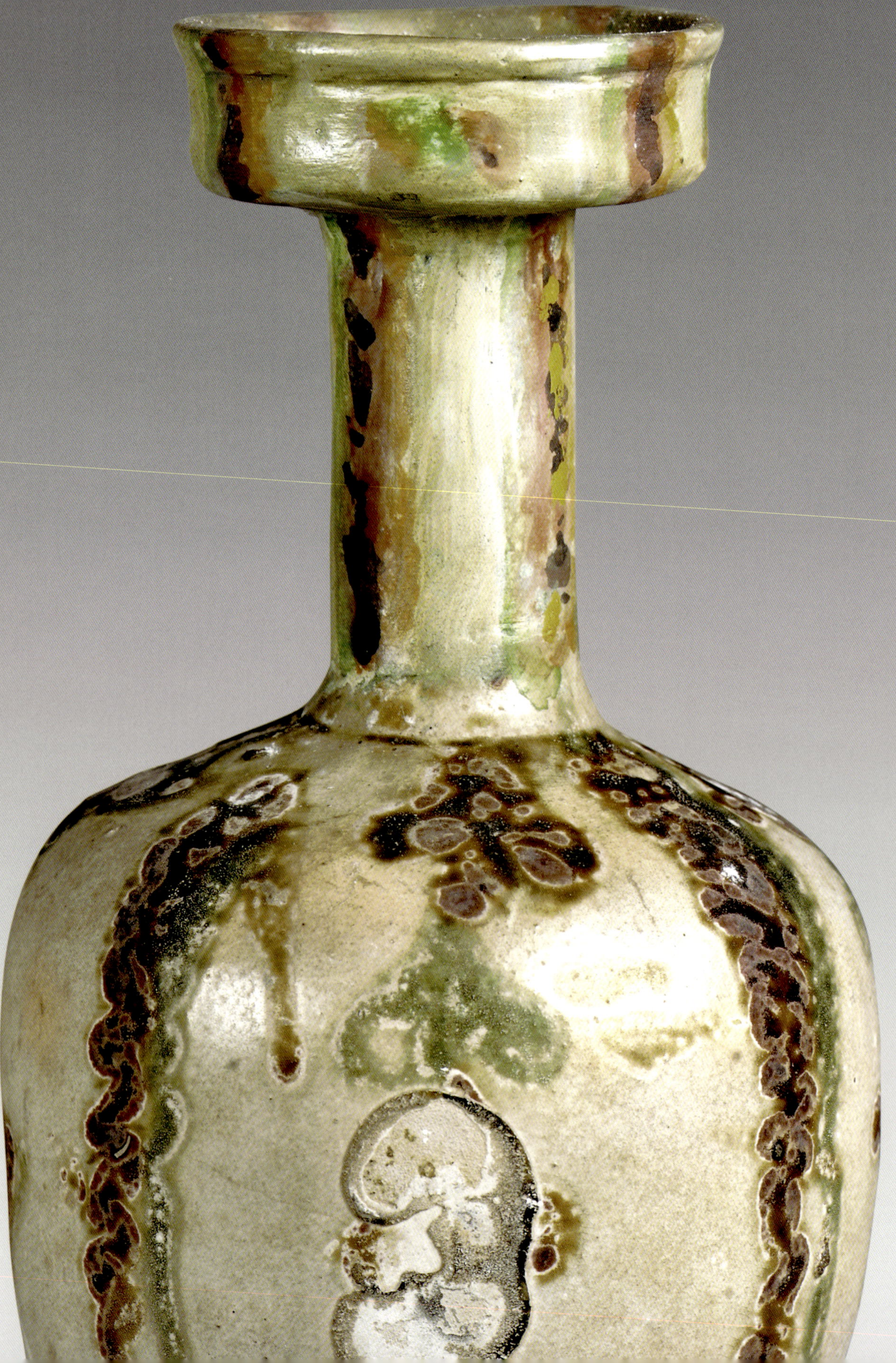

022 **青釉彩绘四系罐**

盛唐时期

口径 4.8、腹径 7.1、足径 4.6、高 7.2 厘米

邛崃市临邛镇十方堂窑址出土

现藏于邛崃市文物管理局

小盘口，短束颈，扁鼓腹，饼足，肩部带四个纵系。褐胎，胎面挂米黄色化妆土，淡青釉，腹部用褐彩装饰简体草叶纹。

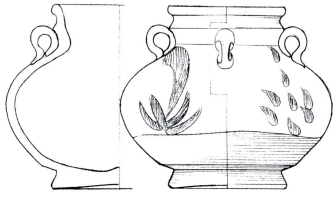

023 **青釉彩绘注壶**

盛唐时期

口径 8.9、腹径 12.8、足径 7.2、高 14.2 厘米

邛崃市临邛镇十方堂窑址出土

现藏于邛崃市文物管理局

喇叭口，颈部短粗，丰肩，肩部一侧置短直流，两侧对称置双股耳形系，斜直腹内收，饼足。灰黑胎，胎面挂米黄色化妆土，淡青釉，外壁用褐彩饰三组简体草叶纹。

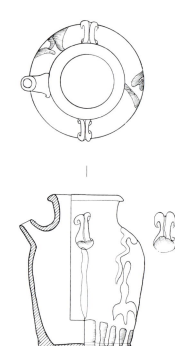

024 青釉彩绘注壶

盛唐时期

口径 10.6、腹径 15.4、足径 12、高 20.8
厘米

成都市东华门摩诃池池苑遗址出土

现藏于成都文物考古研究院

口部外翻，颈部短粗，丰肩，肩部一侧
置短直流，两侧对称置双股耳形系，斜
直腹内收，饼足。褐胎，胎面挂米黄色
化妆土，淡青釉，外壁带褐釉彩绘图案。

025 青釉彩绘注壶

盛唐时期
口径 10.2、腹径 15.2、足径 12.4、高 16.2
厘米
成都市东华门摩诃池池苑遗址出土
现藏于成都文物考古研究院

口部外翻，颈部略内束，丰肩，肩部一侧
置短直流，两侧对称置桥形系，腹部较矮胖，
饼足。红胎，胎面挂米黄色化妆土，淡青釉，
外壁带褐釉彩绘图案。

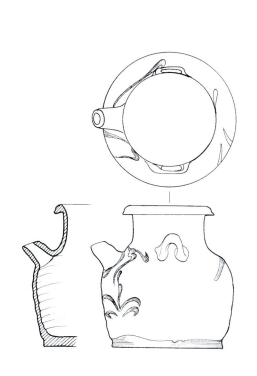

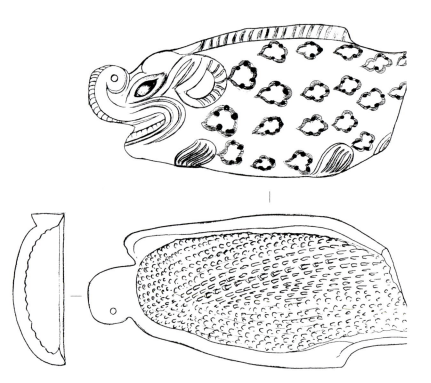

026　青釉彩绘研磨器

盛唐时期
残长 17.2、宽 8.2 厘米
邛崃市临邛镇十方堂窑址出土
现藏于邛崃市文物管理局

器体残缺，外拱内凹，拱面为摩羯形，
凹面为锯齿状的研磨面。褐胎，胎面挂
米黄色化妆土，青黄釉，拱面装饰有褐、
绿二彩图案。

028 **青釉砚台**

盛唐时期
口径 19.2、足径 23、高 7.2 厘米
邛崃市临邛镇十方堂窑址出土
现藏于邛崃市文物管理局

砚面呈一凸起的圆饼，与砚边之间环以可
储存墨汁的凹槽，形似"辟雍"，俗称"辟
雍砚"，砚底一周带十只蹄足，立于圆环形
圈座之上，足面刻划覆莲瓣。灰胎，胎面
挂灰白色化妆土，淡青釉，釉面多已脱落。

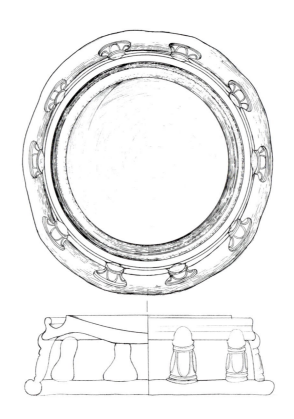

029 **灰白釉渣斗**

唐代晚期
口径 10.7、腹径 10、足径 7.6、高 9.3 厘米
邛崃市临邛镇十方堂窑址出土
现藏于邛崃市文物管理局

喇叭形大翻口，口径大于足径，颈部短束，
垂腹，下腹部鼓突，饼足。红褐胎，胎面
挂乳白色化妆土，釉面光洁可见细开片。

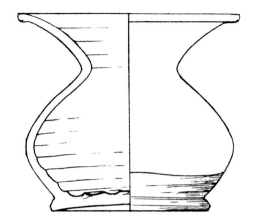

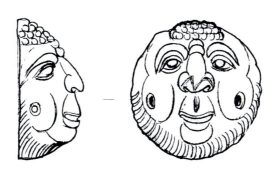

030　青釉彩绘面具

盛唐时期
直径 3.7、高 1.7 厘米
邛崃市临邛镇十方堂窑址出土
现藏于邛崃市文物管理局

胡人头形，面部两脸颊处各有一穿，浓
眉，大眼，高鼻，下额两侧刻饰络腮胡须。
红褐胎，淡青釉，眉、目、鼻、口部饰
褐色彩绘。

第三部分 ——

唐代晚期至五代

031 青釉碗

唐代晚期

口径 12.5、足径 5.5、高 4.9 厘米

邛崃市临邛镇十方堂窑址出土

现藏于邛崃市文物管理局

尖唇，敞口，斜弧腹，玉璧足。灰胎，
胎面挂米黄色化妆土，青黄釉，釉面可
见细开片。

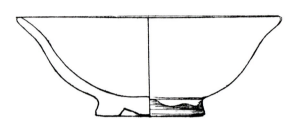

032 **黄釉彩绘碗**

五代
口径 12.5、足径 4.5、高 5 厘米
成都金河路遗址出土
现藏于成都文物考古研究院

属于二次烧成的低温釉瓷器。尖圆唇，敛口，斜直腹，饼足。暗红胎，挂米黄色化妆土，明黄釉，釉面光洁可见细开片，口沿处饰绿、褐二色彩绘，内底残留芝麻点支烧痕。

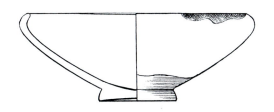

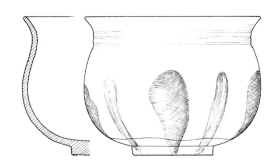

033 黄釉彩绘樽碗

五代
口径 11.7、足径 5.6、高 9.1 厘米
成都东华门摩诃池池苑遗址出土
现藏于成都文物考古研究院

属于二次烧成的低温釉瓷器。尖唇，侈
口，束颈，圆鼓腹，下接饼足。暗红胎，
挂米黄色化妆土，明黄釉，釉面光洁可
见细开片，内外壁饰绿、褐二色彩绘。

034 青釉花口碗

五代

口径 16.3、足径 7.6、高 6 厘米

成都东华门摩诃池池苑遗址出土

现藏于成都文物考古研究院

尖唇、侈口，口沿一周呈多曲花瓣状，斜
弧腹，内壁带出筋，下接圈足。灰胎、青
黄釉，釉面可见细开片，内底残留支钉痕。

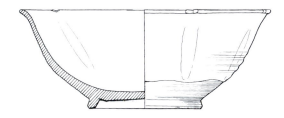

035 青釉彩绘印花高足碗

唐代晚期至五代
口径 11.4、足径 5.2、高 7.2 厘米
邛崃市临邛镇十方堂窑址出土
现藏于邛崃市文物管理局

尖唇，侈口，圆弧腹，平底，下接矮喇叭形圈足。灰胎，胎面挂灰白色化妆土，淡青釉，外壁用褐、绿二彩描绘简体草叶纹，釉面可见细开片，内壁模印龙纹和放射状条带图案。

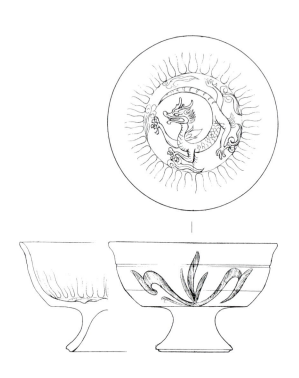

036　青釉菱花口盘

五代
口径 15.7、足径 6.9、高 4.6 厘米
邛崃市临邛镇十方堂窑址出土
现藏于成都文物考古研究院

盘体局部为后期修复，尖唇，口微侈，
口沿呈五曲菱花形，斜直腹，圈足。浅
灰胎，胎体坚致较粗，胎面挂化妆土，
青灰釉，釉面有细密的开片。

037 青釉花口盘

五代
口径 9.9、足径 4.8、高 2.6 厘米
邛崃市临邛镇十方堂窑址出土
现藏于邛崃市文物管理局

尖唇，敞口，口沿呈七曲花瓣形，斜直腹，
饼足。灰黑胎，青绿釉，釉面局部呈乳
浊天青色。

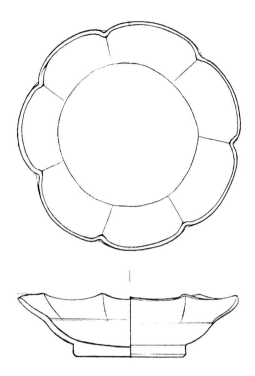

040 **黄釉绿彩花口盏**

五代

口径 11.2、足径 5、高 4.2 厘米

成都东华门摩诃池池苑遗址出土

现藏于成都文物考古研究院

属于二次烧成的低温釉瓷器。尖唇,侈口,
口沿一周呈多曲花瓣状,斜弧腹,下接
圈足,足墙较高而外撇。暗红胎,挂米
黄色化妆土,明黄釉,釉面光洁可见细
开片,口沿处饰一周绿彩。

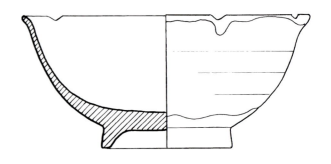

044 **青釉钵**

唐代晚期
口径 13.2、足径 5.6、高 9.0 厘米
邛崃市临邛镇龙兴寺遗址出土
现藏于邛崃市文物管理局

尖圆唇，敛口，深弧腹，圈足。灰黑胎，
局部泛红，胎面挂有白色化妆土，青黄釉，
釉面光洁有细开片。

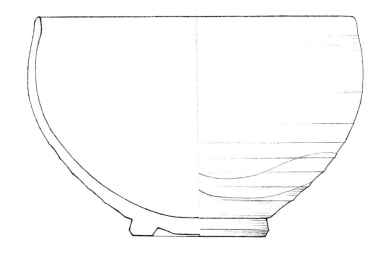

046 **素胎盏托**

五代
口径 17.3、足径 6.3、高 5.1 厘米
邛崃市临邛镇十方堂窑址出土
现藏于成都文物考古研究院

属于低温釉瓷器的素烧坯件。通体可分
作上、下两部分，下部为敞口、浅斜直
腹的圈足盘，上部为侈口、束腰的杯，
作为承托部分，杯口高出盘口。暗红
胎，胎体较疏松，挂粉黄色化妆土，足
部露胎。

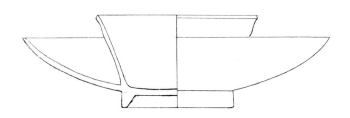

047 青釉彩绘注壶

唐代晚期至五代
口径 3.2、足径 3.5、高 5.9 厘米
邛崃市临邛镇十方堂窑址出土
现藏于邛崃市文物管理局

口部外卷，束颈较长，扁球腹，下接饼足，
短直流，颈部与腹部之间带曲柄，柄部
为后期修复。灰黑胎，胎面挂有灰白色
化妆土，淡青釉，外壁饰黄、绿彩绘。

048 青釉彩绘注壶

唐代晚期至五代

口径 3.7、最大腹径 9.8、底径 4.6、高 9.8
厘米

邛崃市临邛镇十方堂窑址出土

现藏于邛崃市文物管理局

口部外卷，短直颈，圆肩，斜直腹内收
为平底，短直流，口部与肩部之间带曲柄，
柄部为后期修复。灰胎，胎面挂米黄色
化妆土，青灰釉，外壁饰褐、绿色点彩斑。

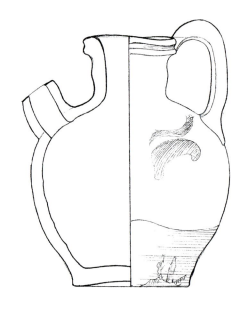

青釉彩绘注壶

唐代晚期至五代
口径 5.8、足径 5.7、高 9.8 厘米
邛崃市临邛镇十方堂窑址出土
现藏于邛崃市文物管理局

喇叭形口，短束颈，丰肩，肩部两侧对
称置桥形系，短直流，斜弧腹内收，玉
壁足。灰黑胎，胎面挂灰白色化妆土，
淡青釉，外壁饰绿彩。

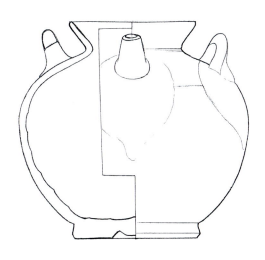

050 青釉彩绘注壶

唐代晚期至五代
口径 6.1、腹径 6.0、足径 3.7、高 9.6 厘米
邛崃市临邛镇十方堂窑址出土
现藏于邛崃市文物管理局

敞口，口沿局部为后期修复，颈部斜收内
束，椭圆腹，饼足，短直流，颈部至肩部
之间带曲柄。灰褐胎，胎面挂米黄色化妆
土，淡青釉，口、颈及腹部饰绿釉团彩。

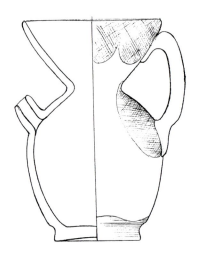

051　青釉彩绘注壶

唐代晚期至五代

口径 10.1、腹径 15.0、足径 8.9、高 15.6

厘米

邛崃市临邛镇天庆街泓宇工地出土

现藏于邛崃市文物管理局

口部外卷，颈部短粗略内束，丰肩，斜直腹，大饼足，肩部两侧带双系，短直流。灰黑胎，青灰釉，釉面有脱落，口沿及肩部带褐色彩绘。

056　青釉彩绘注壶

唐代晚期至五代
口径 9.3、腹径 12.2、足径 7.8、高 22.1
厘米
邛崃市临邛镇十方堂窑址出土
现藏于邛崃市文物管理局

侈口，颈部斜收呈喇叭形，椭圆腹，短
直流，圈足，颈部与腹部之间带双股曲
柄，肩部两侧对称置两个桥形系。灰褐
胎，胎面挂米黄色化妆土，淡青釉，口、
腹部饰绿釉团彩。

057 青釉彩绘注壶

唐代晚期至五代
口径 9.9、足径 11.0、高 16.0 厘米
邛崃市临邛镇十方堂窑址出土
现藏于邛崃市文物管理局

喇叭形口，颈部高而粗，溜肩，直筒形腹，
平底，肩部两侧对称置双系，短直流，颈
部与肩部之间带曲柄。灰褐胎，淡青釉，
釉面饰褐、绿二彩。

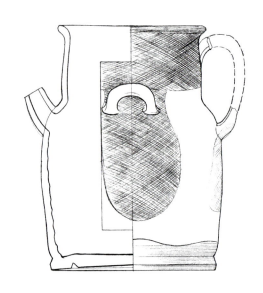

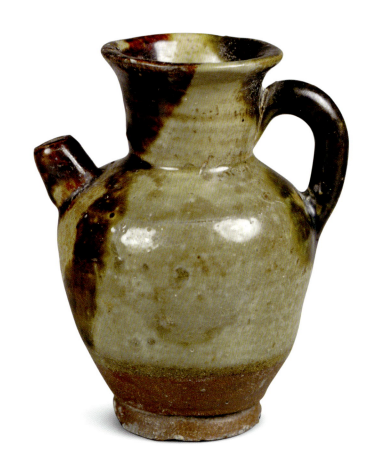

058 青釉彩绘注壶

唐代晚期至五代
口径 4.4、腹径 6.6、底径 4.0、高 9.6 厘米
邛崃市临邛镇十方堂窑址出土
现藏于邛崃市文物管理局

侈口，颈部斜收呈喇叭形，圆肩，斜直腹
内收为饼足，短直流，颈部与腹部之间带
曲柄。灰黑胎，胎面挂灰白色化妆土，青
灰釉，外壁饰褐、绿色点彩斑。

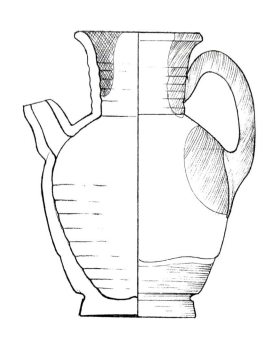

063 **绿釉印花双流注壶**

五代
口径 10.2、最大腹径 17.1、足径 9.8、高
27.3 厘米
邛崃市临邛镇南街遗址出土
现藏于邛崃市文物管理局

侈口折沿，长颈较直，椭圆腹，腹部呈瓜
棱状，双曲流以绳带作捆束状，肩部对称
置双系并贴塑莲瓣，颈部与腹部之间带曲
柄，柄部表面模印有卷草图案。灰黑胎，
绿釉，釉面呈乳浊失透状。

064 **黄釉彩绘注壶**

五代

口径 4.1、最大腹径 11.3、足径 7.8、高 13.9 厘米

成都指挥街遗址出土

现藏于成都文物考古研究院

直口，短颈略内束，丰肩，球形腹，底部带饼足，肩部对称安置短直流和曲柄。暗红胎，挂粉白色化妆土，明黄釉，局部饰褐、绿二彩，釉面密布细开片。

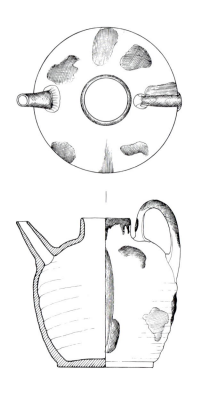

065 **青釉彩绘四系罐**

唐代晚期至五代
口径 10.2、足径 7.4、高 15 厘米
邛崃市临邛镇新城国际工地出土
现藏于邛崃市文物管理局

直口，矮直领，丰肩，肩部对称置四个环
形系，斜弧腹内收，饼足。灰胎，胎面
挂灰白色化妆土，淡青釉，外壁饰褐色
彩绘纹。

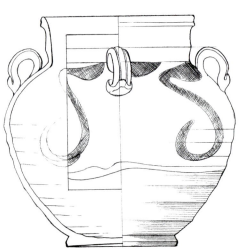

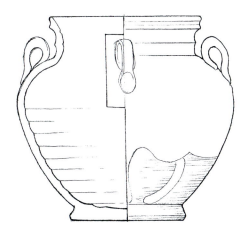

066 青釉四系罐

唐代晚期至五代
口径 10.2、腹径 7.5、足径 8.0、高 13.8
厘米
邛崃龙兴寺遗址出土
现藏于邛崃市文物管理局

直口、矮直领，丰肩，肩部对称置四个环
形系，斜弧腹内收，饼足。灰黑胎，胎面
挂有灰白色化妆土，青灰釉，釉面可见细
开片。

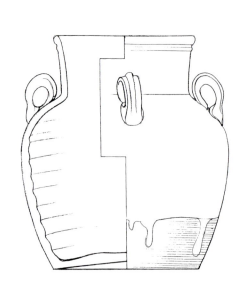

067 **青釉四系罐**

唐代晚期至五代

口径 8.8、最大腹径 12.8、底径 9.0、高
14 厘米

邛崃市临邛镇十方堂窑址出土

现藏于邛崃市文物管理局

直口，矮直领，丰肩，肩部对称置四个
耳形系，斜弧腹内收，平底。灰黑胎，
胎面挂化妆土，青釉，釉面光洁可见细
开片。

068 **青白釉彩绘罐**

五代至北宋初

口径 7.2、底径 5.5、高 8.1 厘米

邛崃市回龙镇凤龙村古墓出土

现藏于邛崃市文物管理局

尖唇,侈口,矮领,扁球腹,腹部呈瓜棱状,饼足。灰黑胎,胎面挂有浅灰色化妆土,青白釉,釉面呈乳浊失透状,可见细开片,外壁饰三处绿釉彩斑。

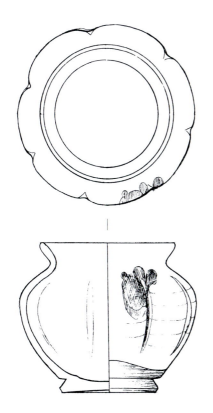

069 青白釉彩绘罐

五代至北宋初
口径 10、足径 6.5、高 9.1 厘米
邛崃市临邛镇十方堂窑址出土
现藏于邛崃市文物管理局

敞口，沿部外展，束颈，瓜棱腹，下接饼
足。灰黑胎，青白釉，釉面呈乳浊失透状，
可见细开片，口沿内侧饰有绿釉点彩。

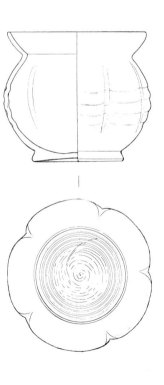

070　青釉彩绘小罐

唐代晚期至五代

口径 2.7、足径 2、高 4 厘米

邛崃市临邛镇十方堂窑址出土

现藏于邛崃市文物管理局

直口，矮领，丰肩，弧腹内收，饼足。灰黑胎，胎面挂浅灰色化妆土，青釉釉面光洁有细开片，外壁饰有褐、绿色团彩。

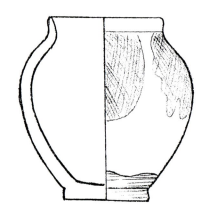

073 **青釉净瓶**

五代
口径 3.7、腹径 8.3、足径 4、高 14.7 厘米
邛崃市临邛镇十方堂窑址出土
现藏于成都文物考古研究院

柱状直口，中部带圆形凸翼，束颈较长，倒卵形腹，下接饼足，瓶肩部还置有一注流，流部为后期修复。黑灰胎，胎体坚致较粗，胎面挂灰色化妆土，青釉，釉层积聚处呈乳浊天青色，釉面可见细密的开片，光泽度较好，外壁黏连少量窑渣。

074 黄釉彩绘多足炉

五代

口径 9、高 6.5 厘米

成都金河路遗址出土

现藏于成都文物考古研究院

属于二次烧成的低温釉瓷器。口沿外翻，沿面较宽，筒形腹，平底，炉的腹部与底部交接处附加五只兽蹄形足，蹄足较长，足面模印出兽面图案。暗红胎，挂粉黄色化妆土，明黄釉，釉面光洁可见细开片，局部饰绿、褐二色彩绘。

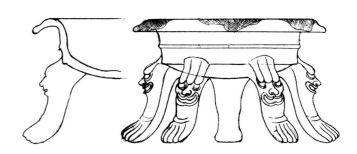

075 **绿釉多足炉**

五代

口径 17.9、底径 6.1、高 12 厘米

出土地点不详

现藏于邛崃市文物管理局

尖唇，大翻沿，沿面较宽，矮筒形腹，平
底，下接五只蹄足。淡红色胎，胎面挂粉
白色化妆土，绿釉，足端施酱釉。为二次
烧成的低温釉瓷器。

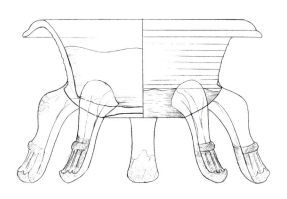

第 三 部 分 唐 代 晚 期 至 五 代

076 青白釉多足炉

五代
口径 9、高 8.7 厘米
邛崃市临邛镇十方堂窑址出土
现藏于成都文物考古研究院

口沿外翻，沿面较宽，筒形腹，平底，炉
的腹部与底部交接处附加五只兽蹄形足，
蹄足较长，足面模印出兽面图案。黑灰胎，
胎体坚致较粗，无化妆土，青白釉，釉面
乳浊失透，釉层较薄处偏酱色。

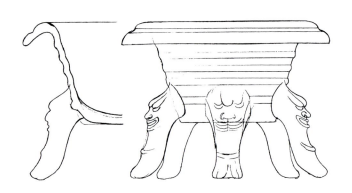

077 **黄绿釉印花高足炉**

五代

口径 10.1、足径 8.3、高 15.7 厘米

成都金河路遗址出土

现藏于成都文物考古研究院

子口，炉盖缺失，深弧腹，下接喇叭形高足，圈足中空，腹部外壁贴饰四重莲瓣和叶片，莲瓣表面模印竖线和飞天图案。属二次烧成的低温釉瓷器。暗红胎，挂米黄色化妆土，炉内壁施明黄釉，外壁施绿釉。

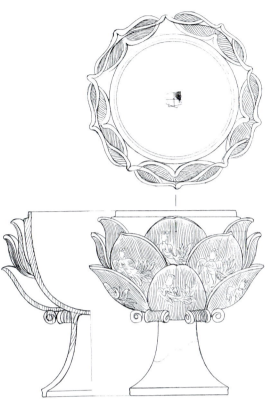

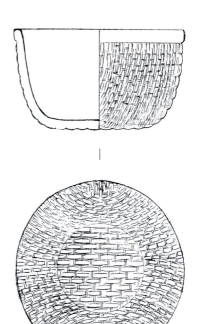

078 青釉柳斗杯

唐代晚期至五代

口径 6.6、底径 3.8、高 4.0 厘米

邛崃市临邛镇十方堂窑址出土

现藏于邛崃市文物管理局

直口，深弧腹内收为平底，腹、底面模
印仿柳条编结的装饰。灰胎，青釉，釉
面光洁可见细开片。

079 素胎印花盂

五代

口径 3.0、腹径 5.4、足径 2.6、高 3.2 厘米

邛崃市临邛镇十方堂窑址出土

现藏于邛崃市文物管理局

为低温釉瓷器的素烧坯。敛口，扁鼓腹，腹部呈瓜棱状，饼足。红褐胎，胎面挂米黄色化妆土，肩部一周模印八个团花纹。

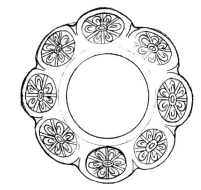

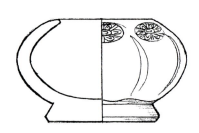

080 **酱釉三足盂**

唐代晚期至五代

口径 4.7、底径 3.1、最大腹径 8.2、高 6.6
厘米

邛崃市临邛镇十方堂窑址出土

现藏于邛崃市文物管理局

直口，矮直领，丰肩，斜弧腹内收，平底，
下腹部带三只短蹄足。灰黑胎，酱黄釉，
釉面聚积处泛黑。

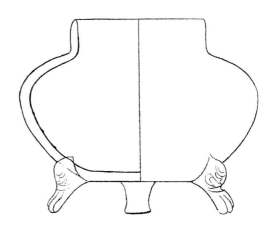

081　**青釉彩绘盂**

唐代晚期至五代
口径 2.4、腹径 5.0、足径 2.3、高 2.9 厘米
邛崃市临邛镇十方堂窑址出土
现藏于邛崃市文物管理局

敛口，扁鼓腹，饼足。灰褐胎，淡青釉，
釉面可见细开片，口沿外一周饰绿彩。

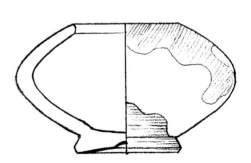

082　**青釉彩绘盂**

唐代晚期至五代
口径 4.0、最大腹径 7.4、足 4.1、高 6.1 厘米
邛崃市临邛镇十方堂窑址出土
现藏于邛崃市文物管理局

直口，短颈、扁鼓腹，圈足，腹部呈瓜棱状。
灰褐胎，胎面挂有灰白色化妆土，淡青釉，
腹部及口沿外一周装饰褐团彩。

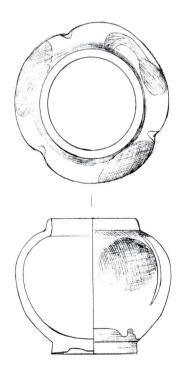

083 **青釉渣斗**

唐代晚期至五代
口径 32.6、腹径 26、足径 14、高 26.2
厘米
邛崃市临邛镇十方堂窑址出土
现藏于邛崃市文物管理局

喇叭形大翻口,口径大于足径,颈部短束,
扁球腹,矮圈足。灰黑胎,胎面挂乳白
色化妆土,淡青釉,釉面大部分脱落。

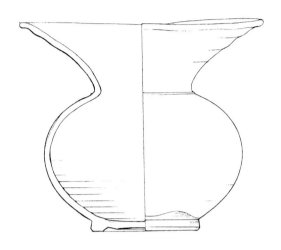

084　**青釉彩绘盘口壶**

唐代晚期至五代
口径 9.6、最大腹径 6.0、底径 8.0、高 21.3 厘米
邛崃市临邛镇十方堂窑址出土
现藏于邛崃市文物管理局

浅盘口，口沿外侈，束颈，溜肩，斜直腹内收为平底，肩部对称置四系，斜直腹内收，平底。灰黑胎，青灰釉，外壁饰褐色彩绘图案。

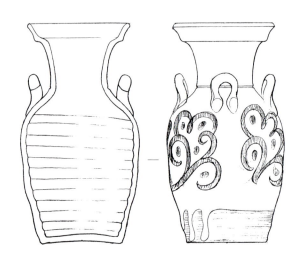

085 素胎套盒

五代
口径 18.5、足径 16.8、高 9.6 厘米
邛崃市临邛镇十方堂窑址出土
现藏于成都文物考古研究院

属于低温釉瓷器的素烧坯件。圆形，子
口，直筒形腹，腹部有镂空的壶门装饰。
红胎，胎体较疏松，挂米黄色化妆土。套
盒是唐代金银器中的造型，一般一套多
件，每件形制相同，上下套放以子母口扣
合。其在唐代被称为"波罗"，如法门寺
"衣物帐"记录施舍入地宫的遗物就有
"波罗子一十枚"。

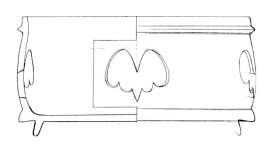

086 黄绿釉小盒

五代
口径 4、底径 3.1、高 2.7 厘米
成都市下同仁路佛教造像坑出土
现藏于成都文物考古研究院

子口，盒身上壁垂直，下壁斜内收，圈足。
粉白胎，内壁施黄釉，外壁施绿釉，釉面
有细开片，属二次烧成的低温釉瓷器。

087 黄釉彩绘盂

五代
口径 3.0、腹径 5.6、足径 2.7、高 3.3 厘米
邛崃市临邛镇十方堂窑址出土
现藏于邛崃市文物管理局

敛口，扁鼓腹，饼足较高。红褐胎，胎面
挂米黄色化妆土，明黄釉，腹部一周饰黄、
绿二彩，属二次烧成的低温釉瓷器。

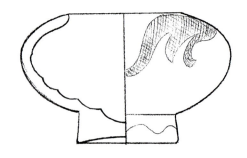

088 青釉带盖盒

唐代晚期至五代
腹径 9.8、足径 5、高 8.3 厘米
邛崃市临邛镇十方堂窑址出土
现藏于邛崃市文物管理局

通体由盒身与盒盖两部分组成。盒身上壁直，下壁斜内收，饼足。盒盖为斜直壁，平顶，顶部带一宝塔形钮。灰胎，青釉呈乳浊失透状，釉面可见细开片。

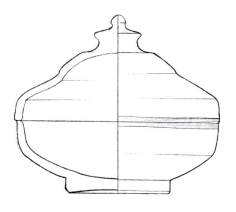

089　青釉彩绘狮形枕

唐代晚期至五代
长 16.9、高 8 厘米
邛崃市临邛镇十方堂窑址出土
现藏于邛崃市文物管理局

枕中部塑一狮子，上置椭圆形枕面，下
为枕底。红褐胎，青釉呈乳浊失透状，
带褐、绿色彩绘，枕面饰绿釉点彩。

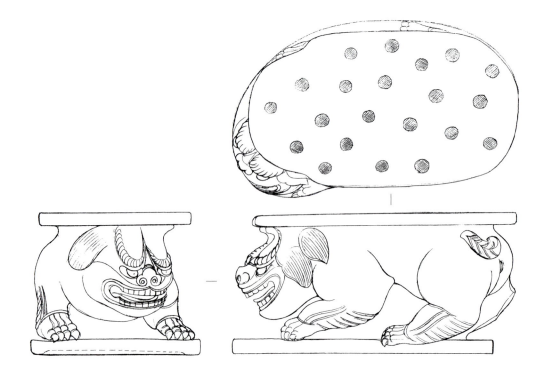

090 绿釉蒂钮盖

五代

口径 4.4、高 5.3 厘米

邛崃市临邛镇十方堂窑址出土

现藏于邛崃市文物管理局

通体呈斗笠形，平顶，顶部带一蒂钮，子口。红褐胎，胎面挂米黄色化妆土，绿釉，釉面光洁可见细开片，属二次烧成的低温釉瓷器。

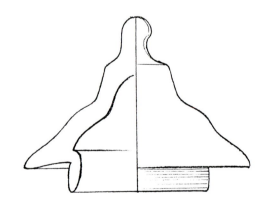

091 **黄釉彩绘卧牛形器盖**

唐代晚期至五代
长 4.9 厘米、高 2.4 厘米
邛崃市临邛镇十方堂窑址出土
现藏于邛崃市文物管理局

子口，盖顶为一头卧牛，翘鼻，短角，
尾盘于后，通体刻饰鬃毛纹。粉黄胎，
胎体较疏松，淡黄釉，表面饰褐彩，属
二次烧成的低温釉瓷器。

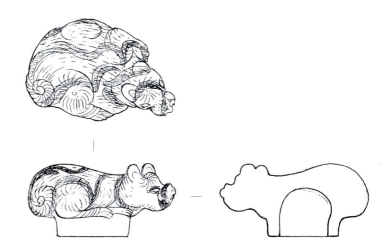

092 **天青釉彩绘鱼形器盖**

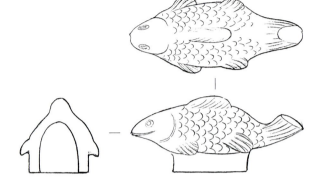

唐代晚期至五代
高 3.1 厘米
邛崃市临邛镇十方堂窑址出土
现藏于邛崃市文物管理局

子口，盖顶作一鱼形。灰褐胎，天青釉呈
乳浊失透状，鱼头、尾、鳍部带褐色彩绘。

093 青釉彩绘圆钮盖

唐代晚期至五代

口径 10、顶径 3.6、高 4.8 厘米

邛崃市临邛镇十方堂窑址出土

现藏于邛崃市文物管理局

母口，斜直壁，平顶，顶部带一宝塔形钮。
灰褐胎，胎面挂米黄色化妆土，青黄釉，
釉面有脱落，带一周绿釉点彩。

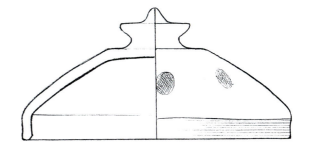

094 **青釉彩绘器盖**

唐代晚期至五代
口径 26.4、顶径 11.8、高 6.6 厘米
邛崃市临邛镇十方堂窑址出土
现藏于邛崃市文物管理局

斜直壁，平顶，口沿残缺经后期修复。灰
黑胎，胎面挂有米黄色化妆土，淡青釉，
釉面可见细开片，釉下用褐、绿二彩饰团
花和网格交织纹。

097　绿釉龟

五代

长 6.8、高 2.4 厘米

成都金河路遗址出土

现藏于成都文物考古研究院

属于二次烧成的低温釉瓷器。粉白胎，胎体较疏松，无化妆土，深绿釉，釉面光泽莹亮，有细密的开片，龟背模印五边形网状图案。

098 青釉彩绘童戏俑

唐代晚期至五代

高 3.4 厘米

邛崃市临邛镇十方堂窑址出土

现藏于邛崃市文物管理局

童子呈昂首状，双臂前展，匍匐于圆形底
座之上。灰褐胎，青釉，头及脚部饰褐彩。

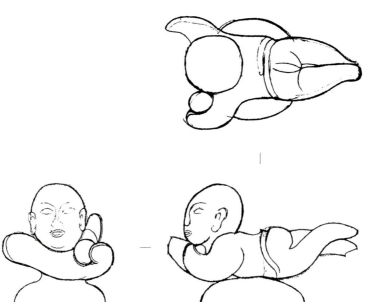

099 **青釉童戏俑**

唐代晚期至五代
高 5.3 厘米
邛崃市临邛镇十方堂窑址出土
现藏于邛崃市文物管理局

童子仰头前视，双手前伸，掌合于头前，
双腿向后展开，匍匐于盛开的莲花座之上。
红褐胎，青灰釉，釉面可见细开片。

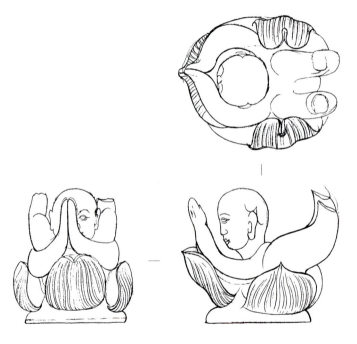

100 童子盘坐俑

唐代晚期至五代
高 6.7 厘米
邛崃市临邛镇十方堂窑址出土
现藏于邛崃市文物管理局

童子昂首微笑，双手抱球于胸前，双腿盘
曲，坐于莲花座之上。红褐胎，釉面大部
分已脱落。

101 青釉龟

唐代晚期至五代

长 5.8、高 4 厘米

邛崃市临邛镇十方堂窑址出土

现藏于邛崃市文物管理局

通体作爬行状，昂首曲颈，龟背刻圆圈图案。灰褐胎，青釉，釉面呈乳浊失透状，可见细开片。

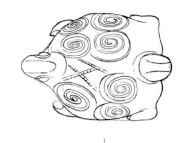

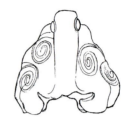

102 素胎卧兽

五代
长 4.6、高 1.9 厘米
邛崃市临邛镇十方堂窑址出土
现藏于邛崃市文物管理局

为低温釉瓷器的素烧坯。野兽通体作俯
卧状。粉白胎，胎面无化妆土。

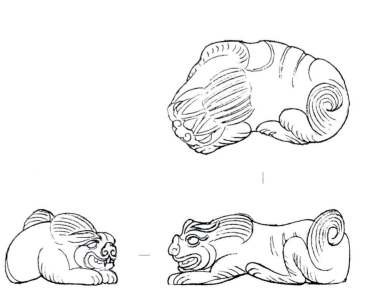

106 **青釉彩绘刻花盆**

五代

口径 37.6、底径 26、高 9.1 厘米

邛崃市临邛镇南宁花园工地出土

现藏于邛崃市文物管理局

唇部较厚，敛口，斜直腹，平底。灰褐
胎，胎面挂米黄色化妆土，淡青釉，内
底中心刻划一折枝花卉，外圈一周水波
纹，纹饰空白处装饰褐、绿二色彩绘。

107 乾德二年款印模

五代
长 16.2、宽 13、高 13 厘米
邛崃市临邛镇十方堂窑址出土
现藏于邛崃市文物管理局

兽头模，外凸内凹，凹面刻兽面图案，
凸面刻"乾德二年四月中旬造"等。红
褐胎，无釉。

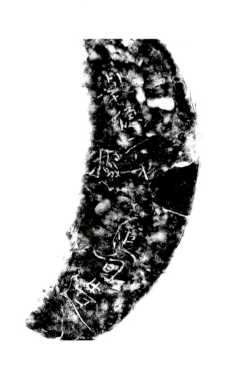

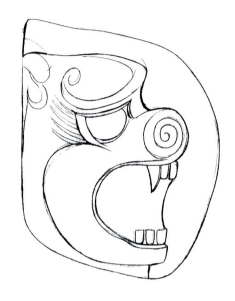

108 乾德六年款印模

五代

直径 13.1、高 3.6 厘米

邛崃市临邛镇十方堂窑址出土

现藏于邛崃市文物管理局

平面呈五曲花瓣状，印面中央为一五瓣莲花，花心为莲蓬，外绕放射线花蕊，瓣外有五条出筋，另一面分布若干小孔。红褐胎，无釉，顶面刻"乾德六年二月上旬造官样杨全记用"。

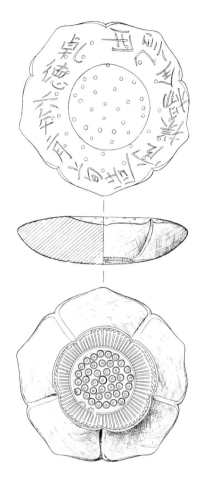

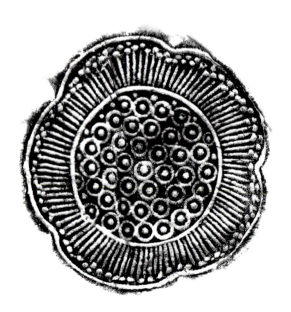

110 广政十一年款印模

五代
高 14 厘米
邛崃市临邛镇十方堂窑址出土
现藏于邛崃市文物管理局

炉足印模，外拱内凹，凹面刻兽面蹄足，
凸面刻"广政十一年正月十日记"。褐胎，
无釉。

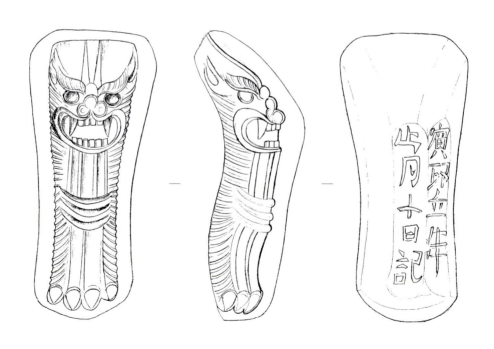

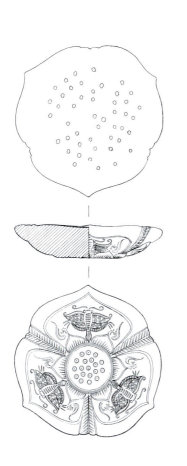

111 印模

五代

直径 14 厘米、高 3.1 厘米

邛崃市临邛镇十方堂窑址出土

现藏于邛崃市文物管理局

平面呈三曲花瓣状，上拱下平，印面中
央为一六瓣莲花，花心为莲蓬，外圈绕
三朵莲瓣，瓣内以蝴蝶、卷云、星月纹
相衬，瓣间以麦穗纹相隔，另一面分布
若干小孔。浅褐胎，无釉。

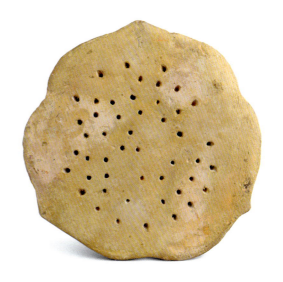

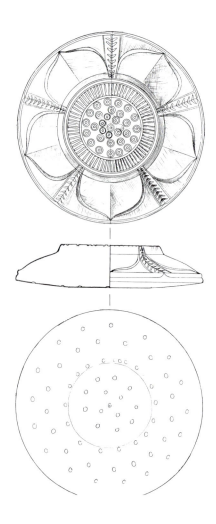

112 印模

五代

直径 18、高 4.1 厘米

邛崃市临邛镇十方堂窑址出土

现藏于邛崃市文物管理局

盘模,圆饼凸顶。印面中心为一莲蓬图案,
外绕一周放射线状的花蕊,莲蓬外刻五
朵宽肥的莲瓣,瓣体之间以麦穗带相隔,
另一面分布若干小孔。红褐胎,无釉。

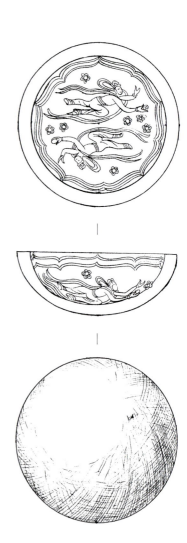

113 **印模**

五代
直径 6.7、高 2.5 厘米
邛崃市临邛镇十方堂窑址出土
现藏于邛崃市文物管理局

粉盒盖模，半圆形，外拱内凹，凹面刻
飞天图案。粉白胎，无釉。

114 印模

五代
直径 8、高 2.5 厘米
邛崃市临邛镇十方堂窑址出土
现藏于邛崃市文物管理局

粉盒盖模，半圆形，外拱内凹，凹面刻双龙纹，首尾相顾，中间刻一童子足踩莲叶手执莲花戏双龙，四周饰云纹。浅褐胎，无釉。

118 印模

唐代晚期至五代

直径 7.8、高 4.6 厘米

邛崃市临邛镇十方堂窑址出土

现藏于邛崃市文物管理局

半圆球形，印面微凸，中心阳刻一朵梅
花并连枝八多对称状梅花。红褐胎，无釉。

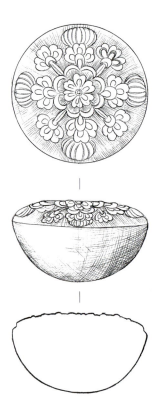

119 印模

唐代晚期至五代
直径 5.5、高 4.5 厘米
邛崃市临邛镇十方堂窑址出土
现藏于邛崃市文物管理局

盒盖印模，通体呈蘑菇形。印面为一连
枝带叶花，外绕一周戳印的联珠图案。
红褐胎，无釉。

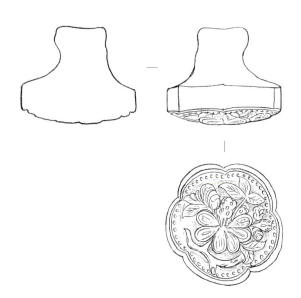

121 广政四年款支顶钵（利头）

后蜀广政四年（941 年）

顶径 6.5、底径 12.9、高 7.3 厘米

邛崃市临邛镇十方堂窑址出土

现藏于邛崃市文物管理局

通体呈矮梯形，中空，顶小底大，腹部有凹弦纹一周，器表有一层入窑装烧形成的釉面，阴刻"广政四年四月"。

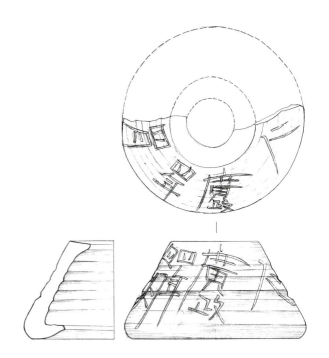

第四部分

———

北宋时期

122 绿釉省油灯

北宋
口径 11.7、足径 4.6、高 4.7 厘米
邛崃市临邛镇十方堂窑址出土
现藏于邛崃市文物管理局

灯体由上下两部分组成，下部为一弧腹、
饼足碗，上部为一口径与下部同样大小的
碗或盘形器，上下部之间留出一个夹层，
腹部一侧有注水的小孔，内壁带一环耳。
棕褐色胎，绿釉偏青色，釉面呈乳浊失透
状，局部泛灰白色。

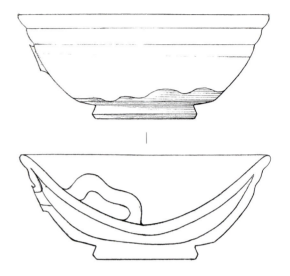

123　酱釉省油灯

北宋
口径 11、足径 4.6、高 4.6 厘米
邛崃市临邛镇"钱江 · 凤凰城"工地出土
现藏于邛崃市文物管理局

灯体由上下两部分组成，下部为一弧腹、
饼足碗，上部为一口径与下部同样大小的
腹较浅的碗或盘形器，上下部之间留出一
个夹层，腹部一侧有注水的小孔，内壁带
一环耳。灰褐胎，胎面先施青釉，再覆盖
一层酱釉，釉面呈乳浊失透状。与之形制
接近，可作年代参考的有新津县五津镇顺
江村北宋天禧五年（1021 年）墓出土的
酱釉省油灯。

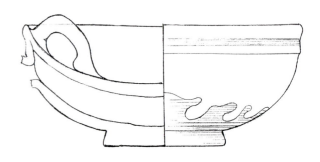

126 青釉绿彩省油灯

北宋

口径 11.5、足径 4.9、高 4.4 厘米

成都市正科甲巷唐宋坊市遗址出土

现藏于成都文物考古研究院

由上下两部分组成，下部为一弧腹、饼
足碗，上部为一口径与下部同样大小的
腹较浅的碗或盘形器，上下部之间留出
一个夹层，腹部一侧带有注水的小孔，
内壁带一环耳。褐胎，青釉，内底施绿
釉团彩，釉面呈乳浊失透状。

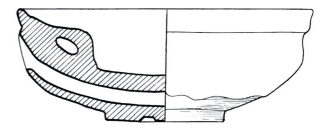

127 **绿釉灯碟**

北宋

口径 8.4、底径 5.2、高 2.3 厘米

邛崃市临邛镇十方堂窑址出土

现藏于邛崃市文物管理局

斜方唇，唇部较厚，敞口，口沿局部为
后期修复，浅腹内收为平底。灰黑胎，
绿釉，釉面光洁呈乳浊失透状。

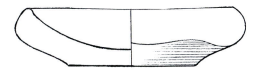

128 **绿釉灯碟**

北宋

口径 13、足径 6.5、高 3.5 厘米

邛崃市牟礼镇开元村北宋绍圣五年（1098
年）墓出土

现藏于邛崃市文物管理局

斜方唇，唇部较厚，敞口，浅腹内收为饼
足。褐胎，胎面挂米黄色化妆土，绿釉呈
乳浊失透状，釉面局部泛青黄色。

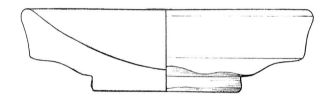

129 青白釉罐

北宋
口径 7.8、最大腹径 12.2、足径 6.4 、高 8.0
厘米
邛崃市冉义镇英汉村宋墓出土
现藏于邛崃市文物管理局

侈口，短束颈，鼓腹内收，饼足。灰胎，
青白釉呈乳浊失透状，釉面可见细开片。

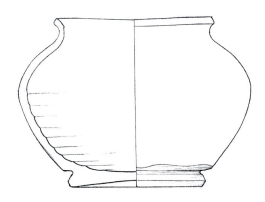

131 **青白釉彩绘四系罐**

北宋
口径 12.0、足径 11.0、高 20.4 厘米
邛崃市临邛镇莲花村宋墓出土
现藏于邛崃市文物管理局

斜方唇，直口，矮直领，溜肩，肩部一周
对称置四系，鼓腹内收，饼足。灰黑胎，
胎面挂有化妆土，青白釉，釉面呈乳浊失
透状，肩部饰有绿釉点彩。

132 青白釉彩绘四系罐

北宋
口径 8.2、足径 7.2、高 16.6 厘米
邛崃市临邛镇西街临邛二中工地出土
现藏于邛崃市文物管理局

斜方唇，直口，矮直领，溜肩，肩部一
周对称置四系，鼓腹内收，饼足。灰褐
胎，青白釉，釉面呈乳浊失透状，可见
细开片，肩部饰有绿釉点彩。

133 青白釉四系罐

北宋
口径 13.2、底径 11.2、高 19.8 厘米
邛崃市冉义镇英汉村宋墓出土
现藏于邛崃市文物管理局

直口，斜方唇，矮直领，丰肩，肩部对称
置四个环形系，斜弧腹内收，平底。灰胎，
青白釉呈乳浊失透状，施釉不均，釉面可
见细开片。

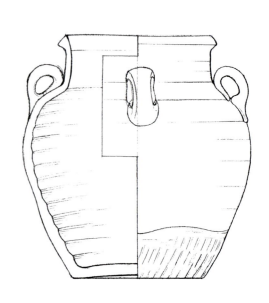

134 青白釉四系罐

北宋

口径 12、最大腹径 9.5、底径 11.4 、高
20.4 厘米

邛崃市牟礼镇开元村北宋绍圣五年（1098
年）墓出土

现藏于邛崃市文物管理局

直口，矮直领，丰肩，肩部对称置四个
环形系，斜弧腹内收，平底。褐胎，胎
面挂米黄色化妆土，青白釉呈乳浊失透
状，釉面可见细开片。

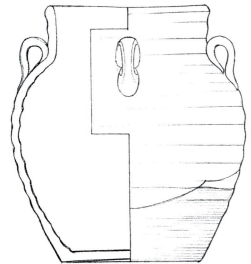

135 **青釉瓜棱小罐**

北宋
口径 5.0、足径 4.4、高 8 厘米
邛崃市临邛镇十方堂窑址出土
现藏于成都文物考古研究院

罐身小巧，尖圆唇，口沿外翻呈喇叭形，
短束颈，肩部微折，腹部呈瓜棱状，下接
饼足，灰褐胎，胎体坚致较粗，无化妆土，
青釉，釉面乳浊失透，施釉较为均匀，口
沿处带绿釉彩斑。

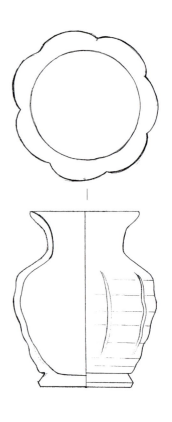

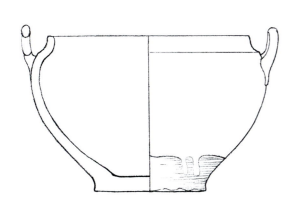

136 **青白釉双系小罐**

北宋

口径 6.8、底径 3.8、高 5.2 厘米

邛崃市临邛镇十方堂窑址出土

现藏于邛崃市文物管理局

敛口，丰肩，肩部两侧置双系，鼓腹内收
为平底。灰黑胎，青白釉，釉面呈乳浊失
透状。

140 青釉喇叭足炉

北宋

口径 4.6、足底径 3.6、高 5.5 厘米

成都市正科甲巷唐宋坊市遗址出土

现藏于成都文物考古研究院

直口，口外部一周带较宽的折沿，深筒形腹，底部带喇叭形实足。灰胎，无化妆土，露胎处呈深褐色，绿釉，釉层厚薄不均，釉面呈乳浊失透状。与之形制接近、可作年代参考的有北京丰台辽重熙十四年至二十二年（1045-1053 年）王泽夫妇墓出土的定窑白釉炉*。

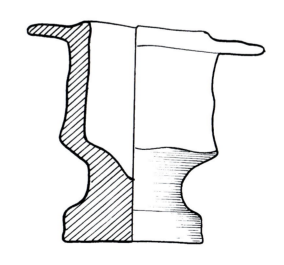

*北京市文物管理处：《近年来北京发现的几座辽墓》，《考古》1972 年 3 期。

144 宣和叁季（年）款笔架

北宋

长 7.0、宽 6.4、厚 2.2 厘米

邛崃市临邛镇十方堂窑址出土

现藏于邛崃市文物管理局

形似一角，正面刻"杨四六囗"，底面刻
"宣和叁季（年）"，侧面刻一"侧"
字。胎色灰黑，未施釉。

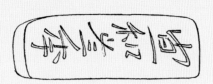

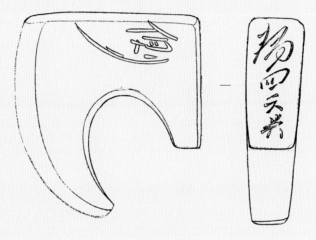

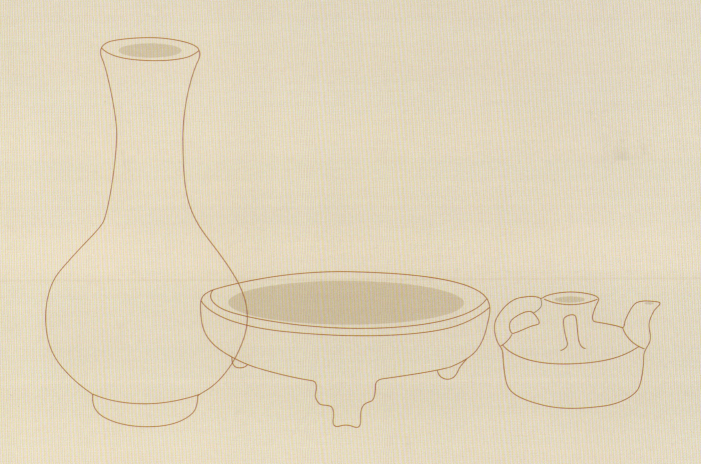

145 绍兴廿三年款酱釉碗

南宋

口径 16.1、足径 4.9、高 5.0 厘米

邛崃龙兴寺遗址出土

现藏于邛崃市文物管理局

圆唇，敞口，斜弧腹，圈足。暗红胎，胎
面挂有米黄色化妆图，酱釉，内壁釉下书
"癸酉绍兴廿三年十二月初二日造蒋□"。
绍兴廿三年为公元 1153 年。

146 **青蓝釉盏**

南宋

口径 10.3、足径 4.0、高 6.0 厘米

邛崃市临邛镇十方堂窑址出土

现藏于邛崃市文物管理局

尖唇，弇口，口沿下内束，斜直腹，圈足。
灰胎，青蓝釉，口沿一周呈酱黄色，釉面
呈乳浊失透状，内底粘连窑灰。

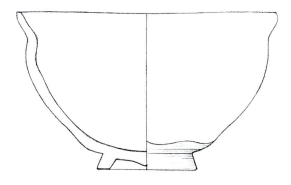

147 青蓝釉盏

南宋
口径 11.4、足径 4.6、高 5.1 厘米
邛崃市临邛镇十方堂窑址出土
现藏于成都文物考古研究所

尖圆唇，侈口，口沿下部内束，斜直腹，
小圈足，足墙低矮。黑灰胎，胎体坚致较
粗，无化妆土，青蓝釉，口沿一周呈酱黄
色，釉面乳浊失透，可见细密的开片。

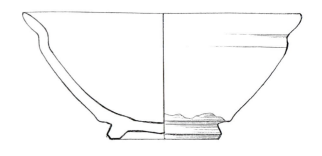

148　绿釉省油灯

南宋
口径 14、足径 5.2、通高 6.2 厘米
邛崃龙兴寺遗址出土
现藏于邛崃市文物管理局

由上下两部分组成，下部为一弧腹、玉璧
底碗，上部为一口径与下部同样大小的腹
较浅的碗或盘形器，口沿处带一立把，上
下部之间留出一个夹层，腹部一侧立把下
带有注水的一小嘴，玉璧底。灰黑胎，深
绿釉，釉面呈乳浊失透状。

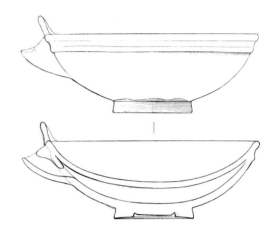

149 绿釉注壶

南宋
口径 3.0、腹径 7.5、底径 6.5、高 5.3 厘米
邛崃市临邛镇十方堂窑址出土
现藏于邛崃市文物管理局

侈口，矮领，折肩，筒形腹，平底，肩部
一侧置曲流，另一侧置柄，颈部两侧贴双
系。褐胎，绿釉呈乳浊失透状。

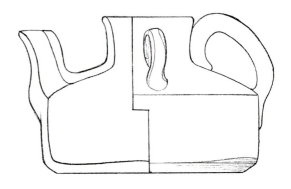

150 天青釉注壶

南宋
口径 3.4、最大腹径 7.5、足径 4.2、高 9.0
厘米
邛崃市临邛镇十方堂窑址出土
现藏于邛崃市文物管理局

喇叭形口，短束颈，矮领，垂腹，腹部呈
卵形，饼足，肩部一侧置曲流，另一侧置
柄。灰胎，天青釉呈乳浊失透状，釉薄处
泛酱黄色。

151 绿釉注壶

南宋

口径 3.0、腹径 7.1、底径 6.5、高 5.0 厘米

邛崃市临邛镇十方堂窑址出土

现藏于邛崃市文物管理局

直口，矮领，折肩，筒形腹，腹部呈瓜棱状，平底，肩部一侧置曲流，另一侧置柄。灰胎，绿釉呈乳浊失透状。

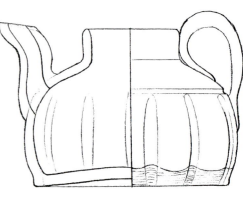

152 酱釉注壶

南宋
口径 1.8、底径 4.8、高 6.0 厘米
邛崃市临邛镇十方堂窑址出土
现藏于邛崃市文物管理局

敛口，无领，卵形腹，平底，腹部一侧置
曲流，流部为后期修复，另一侧安执柄。
浅褐胎，青釉，釉面光洁可见细开片，局
部呈乳浊失透状。

153 青蓝釉注壶

南宋
口径 2.1、足径 4.5、高 7.2 厘米
邛崃市临邛镇十方堂窑址出土
现藏于成都文物考古研究院

壶身小巧，敛口，无领，卵形腹，流部曲
形上翘，耳形柄。灰褐胎，胎体坚致较粗，
无化妆土，青蓝釉，釉面乳浊失透，施釉
较为均匀，局部釉层稀薄处呈酱色。

155 **酱釉玉壶春瓶**

南宋

口径 3.8、腹径 8.6、足径 5.7、高 18.7
厘米

邛崃市临邛镇十方堂窑址出土

现藏于邛崃市文物管理局

直口，细长颈，球形腹，圈足。浅灰胎，
酱釉呈乳浊失透状，局部带天青色窑变，
釉面可见细开片。

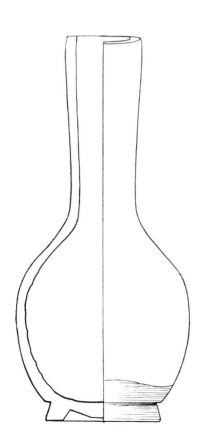

156 绿釉玉壶春瓶

南宋

口径 3.0、腹径 6.1、足径 3.1、高 11.6
厘米

邛崃市临邛镇十方堂窑址出土

现藏于邛崃市文物管理局

小喇叭形口，细长颈略束，溜肩，鼓腹，
饼足。灰胎，绿釉呈乳浊失透状，口沿
釉薄处泛青黄色。

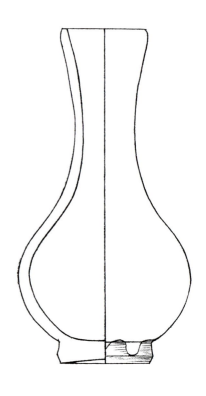

157　绿釉玉壶春瓶

元代

口径 4.6、腹径 8.4、足径 5.7、高 17.5
厘米

邛崃市临邛镇十方堂窑址出土

现藏于邛崃市文物管理局

大喇叭形口，颈略束较短，垂腹，下接
矮圈足。灰胎，绿釉偏青色，釉面呈乳
浊失透状，口沿釉薄处泛青黄色。

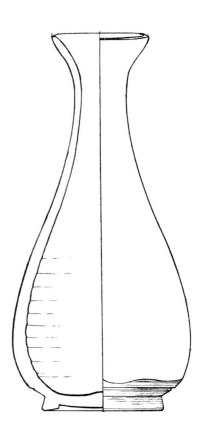

158 绿釉玉壶春瓶

元代

口径 4.8、腹径 6.9、足径 4.5、高 11.9
厘米

邛崃市临邛镇十方堂窑址出土

现藏于邛崃市文物管理局

大翻口，短束颈，垂腹，饼足。灰胎，
绿釉呈乳浊失透状，局部泛灰白色。

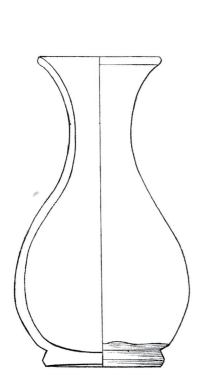

159 绿釉花口瓶

南宋
口径 5.0、腹径 6.9、足径 6.1、高 15.5
厘米
邛崃市临邛镇十方堂窑址出土
现藏于邛崃市文物管理局

喇叭形口，口沿呈五曲花瓣形，细长颈
略束，折肩，倒卵形腹，大饼足。灰胎，
绿釉偏青色，呈乳浊失透状，口沿釉薄
处泛青黄色，腹部刻划锯齿纹。

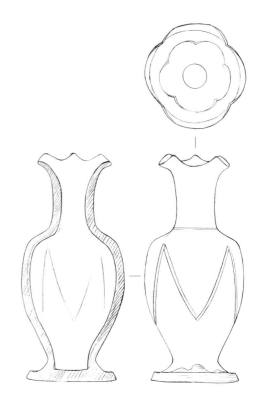

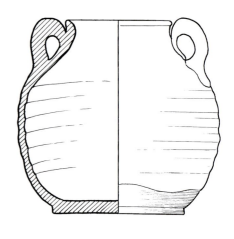

160 绿釉双系罐

南宋
口径 9、腹径 17、足径 11.2、高 16 厘米
成都市东华门摩诃池池苑遗址出土
现藏于成都文物考古研究院

直口，颈部内倾较短粗，球形腹，饼足，肩部两侧对称带双系。褐胎，绿釉，釉面呈乳浊失透状。

161 天青釉双系罐

南宋

口径 6.2、腹径 7.9、足径 3.8、高 5.7 厘米

邛崃市临邛镇十方堂窑址出土

现藏于邛崃市文物管理局

敛口，圆唇，扁鼓腹，饼足，肩部两侧对
称带双系。灰胎，天青釉，釉面呈乳浊失
透状，可见细开片。

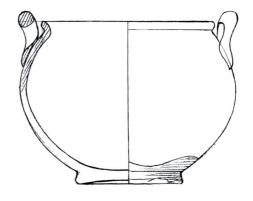

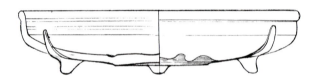

162 **绿釉三足盘**

南宋

口径 15.5、底径 5.2、高 3.5 厘米

邛崃市临邛镇天庆街出土

现藏于邛崃市文物管理局

尖圆唇，直口，折腹较浅，平底，腹部带
三只短小的锥状足。灰黑胎，绿釉，釉面
呈乳浊失透状，可见细小的棕眼。

163 绿釉三足炉

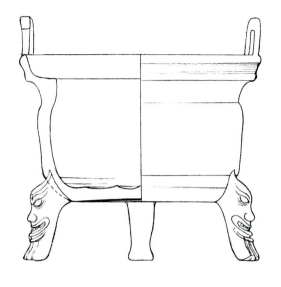

南宋

口径 11.7、底径 7.1、高 11.7 厘米

邛崃市临邛镇十方堂窑址出土

现藏于邛崃市文物管理局

折沿，圆筒形腹，平底，口沿两侧对称置
鋬耳，下腹部带三只蹄足，足面模印兽头
图案。灰黑胎，通体施釉，绿釉，局部泛
青黄色，釉面呈乳浊失透状，炉底内外皆
留有五齿支钉痕。

164 **酱釉多足炉**

南宋
口径 14.5、高 6.7 厘米
邛崃市临邛镇十方堂窑址出土
现藏于成都文物考古研究院

折沿，沿面较窄，下斜，筒形腹，底部带饼足，炉的腹部与底部交接处附加五只兽蹄形足，蹄足短小，足面模印出兽面图案。浅灰胎，胎体坚致较粗，无化妆土，酱青釉，釉层聚积处呈青蓝色，釉面乳浊失透明，可见细密的开片，光泽度较好，内底残留有支钉痕。

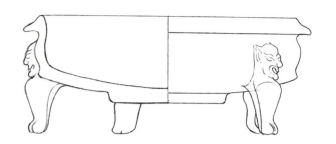

序号	书（篇）名	著者	出版社或期刊出处	出版年代
39	《邛窑陶瓷窑具与装烧工艺初探》	伍秋鹏	《四川文物》2005 年 1 期	2005 年
40	《邛窑彩绘瓷彩绘工艺的 SRXRF 研究》	栾天、毛振伟、王昌燧	《光谱学与光谱分析》第 26 卷 8 期	2006 年
41	《四川省邛崃市大渔村窑区调查报告》	成都文物考古研究所、北京大学考古文博学院等	《成都考古发现（2005）》，科学出版社	2007 年
42	《唐代邛窑瓷器及其所反映的社会生活》	王蓓蓓 刘美丽	《文物春秋》2007 年 2 期	2007 年
43	《四川邛崃邛窑十方堂遗址》	黄晓枫	《2006 中国重要考古发现》，文物出版社	2007 年
44	《从考古发现看邛窑的文化特征》	黄晓枫	《成都文物》2007 年 2 期	2007 年
45	《南方丝绸之路与"邛窑"的传播》	胡立嘉	《中华文化论坛》2008 年增刊	2008 年
46	《浅析古邛窑陶瓷的工艺特点》	王崇东	《陶瓷科学与技术》2008 年 7 期	2008 年
47	《四川邛崃龙兴寺——2005-2006 年考古发掘报告》	成都文物考古研究所、邛崃市文物管理局	文物出版社	2011 年
48	《邛崃十方堂窑遗址五号窑包的建筑、窑炉遗迹》	黄晓枫	《江汉考古》2012 年 4 期	2012 年
49	《邛窑十方堂遗址调查纪略》	詹颖	《文艺研究》2013 年 3 期	2013 年
50	《试论邛窑低温釉瓷器的几个问题》	易立	《边疆考古研究（第 18 辑）》，科学出版社	2015 年
51	《邛窑》	成都文物考古研究所、邛崃市文物管理局	四川人民出版社	2017 年
52	《邛窑黄绿釉高足瓷炉考述》	李雪	《文物天地》2018 年 6 期	2018 年
53	《邛窑始烧年代考论》	易立	《边疆考古研究（第 23 辑）》，科学出版社	2018 年

（以发表时间先后为序，资料截止至 2018 年）

后　记

　　《邛窑出土瓷器选粹》终于编写完成了，放下书稿，不禁长长出了口气。记得那是2011年的春天，我们应日中友好协会的邀请陪同一个日本旅游团去邛崃参观了邛窑遗址。这是一个慕名而来的由日本关西地区古陶瓷爱好者组成的主要针对邛窑的专门观光团。参观中日本游客看到发掘出土的邛窑产品种类丰富，烧造技术先进且历史上延续时间很长，不住地连连称赞，感叹道：没想到中国内地还有这么好的古代窑场，真了不起！最后，客人们提出想购买一些用邛窑传统工艺烧制的仿制品和图录、发掘报告等研究资料，遗憾的是在当时的情况下这些都不能满足他们的要求。送走客人后，我们萌发了编撰一本邛窑精品图集的想法。

　　光阴似箭，一转眼十年过去了。十年中我们的主要精力花在了实物标本资料的收集整理上。幸运的是十年来成都的建设飞速发展，城市日新月异，呈现出翻天覆地的变化。尤其是我们配合建设的城市考古工作取得了很大的收获，遗址和墓葬中发掘出土了大量的邛窑陶瓷器，其中不乏精品，为我们的编撰工作提供了可观的珍贵实物标本。《邛窑出土瓷器选粹》所选的标本器物主要有两个来源：一是邛崃文物管理所藏，二是历年来成都文物考

2011年3月，日本关西民间瓷器爱好者访问团参观邛窑十方堂遗址（后排右一、右二分别为本书作者易立、刘雨茂）

古研究院发掘出土所获。这些出土器物皆有出处来历，许多标本的伴出器物共存关系和地层关系清晰准确，具有可信赖的科学性和完整性。本书虽是图录，但我们在绪论中对邛窑及其产品进行了分期分类系统研究并对其发展流变进行了全面的总结梳理。本书不仅完成了当初我们定下的任务，也是多年来我们对邛窑的研究心得，这也是本书与其它类似图书的不同之处。

　　本书文字撰写刘雨茂、易立，摄影李升、易立、刘雨茂，线图制作卢引科。

　　本书编写过程中得到四川省文物局王毅局长、成都文物考古研究院颜劲松院长、蒋成副院长、江章华副院长等领导的关心和指导。成都文物考古研究院的各位同事和邛崃市文物局何吉民局长、李子军副局长对本书的资料收集提供了很大的帮助。另外，邛崃市文物管理所原所长胡立嘉老师对本书的编写也提供了宝贵的指导意见。在此对他们的关心、帮助表示诚挚的感谢。

编　者

2021年10月10日